ALFRED DUMAINE

AMBASSADEUR DE FRANCE

LA DERNIÈRE AMBASSADE DE FRANCE EN AUTRICHE

NOTES ET SOUVENIRS

Cinquième édition

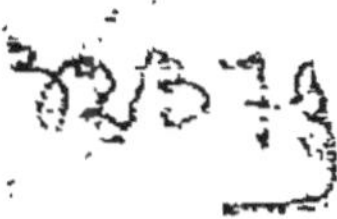

PARIS

LIBRAIRIE PLON

PLON-NOURRIT ET Cⁱᵉ, IMPRIMEURS-ÉDITEURS

8, RUE GARANCIÈRE — 6ᵉ

LA DERNIÈRE
AMBASSADE DE FRANCE

EN

AUTRICHE

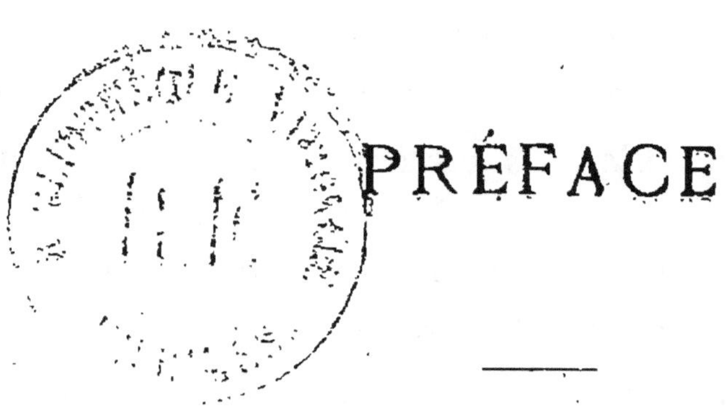

PRÉFACE

—

Ce n'est pas sous la pression d'émotions violentes,
angoisse ou colère, qu'il aurait fallu parler de l'âme
autrichienne ; par sa légèreté et son inconsistance
elle échappe à la rigueur des jugements, elle se sous-
trait à la sévérité. On ne devrait s'en occuper que
comme de ces gens gracieux, amusants, recherchés
aux heures de plaisir, dont on dit qu'ils ne sont pas
faits pour le malheur ; impossible de se les représen-
ter en deuil ou désolés. Sans leur en vouloir, chacun
sait qu'ils se déroberont aux épreuves. Ainsi en a-t-il
été des Autrichiens. Les catastrophes qu'ils se refu-
saient à prévoir les ont assaillis, ils ont encouru les
pires affronts ; mais ils n'en ont été affectés que dans

la mesure où leurs libres et joyeuses allures en étaient troublées.

Pour les avoir vus par trop imprévoyants d'abord, puis uniquement attristés de leurs désastres matériels, l'irritation que j'en ai ressentie a peut-être été excessive. Maintenant que leur détresse est si affreuse, tout s'efface devant la pitié.

Même inexcusables, ils méritent, en effet, la plus profonde compassion pour des souffrances qui s'aggravent de jour en jour et les atteignent jusque dans leurs nouvelles et très innocentes générations.

Mais, pendant que la maison brûlait et quand on s'épouvantait de l'immensité des dommages, était-il possible d'être porté à l'indulgence pour l'enfantine étourderie de ceux dont l'imprudence était cause du sinistre ?

Ce qui, par contre, s'impose comme un devoir, c'est envers tous la plus large équité : d'où quelques lignes explicatives sur un adversaire envers qui je me reprocherais d'en avoir manqué.

Tout en m'abstenant d'incriminer les responsables de la guerre, je n'ai pu m'empêcher de signaler ceux que l'opinion presque unanime désignait comme particulièrement compromis. Or, depuis la publication de ces notes dans la Revue de la Semaine. MM. Jérôme et Jean Tharaud ont fait paraître une étude d'un très haut intérêt sur les Bolchévistes en Hongrie (1).

(1) *Revue des Deux Mondes,* 15 décembre 1920 et 15 avril 1921.

Dans un retour sur les origines du conflit mondial, ils dénoncent l'erreur commise par l'exaspération de la populace, quand elle a frappé comme le premier coupable le comte Tisza. Ils apportent la preuve qu'au lieu d'avoir poussé à une implacable exécution de la Serbie, le patriote hongrois a résisté de toute son énergie à une solution par les armes, estimant suffisante et raisonnable une simple victoire diplomatique, sans aucune conquête. Ses idées conciliantes se heurtèrent à l'intransigeance du conseil de la couronne réuni à Vienne le 7 juillet 1914, sous la présidence du comte Berchtold. Combattu par tous les assistants, Tisza en appela à l'empereur-roi par une lettre de la plus pressante éloquence. Suprême effort qui ne toucha pas le souverain. Alors il décida que sa si judicieuse, mais inutile opposition à la guerre devait rester ignorée de tous, afin de n'affaiblir en rien l'élan belliqueux qu'il n'avait pu enrayer. Donc il approuva peu après, si même il ne dicta l'odieux ultimatum aux Serbes et, quatre ans de suite, s'obstina dans la poursuite d'une chimérique victoire.

Jusque-là, sa fermeté à servir une politique qu'il avait condamnée est digne d'admiration. Elle dépasse la compréhension, quand, à la fin d'octobre 1918, les armées austro-hongroises étant définitivement vaincues et la révolution déjà maîtresse de Budapest, il poussa l'immolation de sa pensée jusqu'à détruire la minute de la lettre à François-Joseph qui l'aurait disculpé. « Pouvait-il livrer son secret pour en tirer encore un prodigieux avantage et, dans l'effondrement de tout, sauver son prestige personnel ? » MM. Tharaud estiment ce surhumain stoïcisme entièrement conforme au caractère de celui qu'ils ont peint en héros : ils nous le montrent se laissant accuser d'être le principal auteur de la ruine de sa patrie et recevant la mort sans daigner la retarder par la parole, ni par la fuite.

La seule vision que je garde de lui n'est pas du tout contraire à celle que les deux historiens veulent en donner. A la cérémonie funèbre pour l'archiduc François-Ferdinand, dans la chapelle de la Hofburg, menant la délégation hongroise, il faisait face au corps diplomatique. Trapu, basané, la tête surmontée et encadrée de crins noirs et drus, quasiment masqué par de grosses lunettes de corne, botté et vêtu à la magyare, pelisse au dos, sabre au flanc, tout en velours et taffetas noir, ce lugubre hussard à besicles trouvait moyen de se détacher en sombre sur le deuil de son groupe. Pareil dans son impassibilité à une statue de basalte, il était l'image même de l'opiniâtreté. C'est bien l'homme qui pouvait garder, même devant les fusils de ses assassins, le silence qu'il s'était prescrit.

Son secret, toutefois, n'était-il pas moins héroïque que politique et, par suite, plus facilement compréhensible ?

L'égoïsme national pratiqué avec une étroitesse féroce a toujours formé le seul principe directeur de *la politique extérieure des Magyars. « Nos préoccupations étrangères s'arrêtent à nos frontières », proclamait l'un d'eux. Tisza, mieux que personne, savait que ne pouvait pas être dépassé l'effort par lequel ceux de sa race comprimaient des populations vassales trois fois supérieures en nombre à eux-mêmes. Le couvercle de la chaudière n'aurait pas supporté une pression plus forte. Les extrêmes limites étant atteintes, toute guerre, quelle qu'en fût l'issue, menaçait d'une redoutable explosion. Malheureuse ou seulement incertaine, elle déchaînait contre les Hongrois détestés la vengeance toujours frémissante des Croates, Dalmates, Transylvains, Serbes du Banat ; victorieuse, elle augmentait l'appoint des Slaves dans le royaume de saint Étienne et, sous les apparences d'un succès, accroissait la difficulté de gouverner. N'était-ce pas suffisant pour qu'un homme d'État avisé et maître de ses passions repoussât tout projet belliqueux ? Mais ces raisons déterminantes pour Tisza sont de celles qu'il fallait taire.*

Sa part de responsabilité se trouve allégée de toute préméditation, circonstance très atténuante dont il refusa le bénéfice. Désormais on ne le jugera plus sur ce qu'il voulut paraître ; on fera honneur à sa mémoire d'une clairvoyance qu'il a mis tant de soin à cacher (1).

(1) Un aveu néanmoins lui a échappé qu'un de nos agents a retenu. La veille de la rupture, Tisza disait au secrétaire de notre consul général à Budapest : « Le comte d'Apchier

Au surplus, de tous les participants à cette déci- sive délibération du 7 juillet 1914 chacun, depuis, a paru se reprocher l'opinion qu'il y a soutenue. Entre tous le comte Berchtold. J'ai recueilli de sa bouche et consigné plus/loin nombre de déclarations qui ne permettent pas de douter de son horreur pour une guerre européenne. L'humanité indiscutable de ses sentiments l'en détournait, non moins que la plus élémentaire prudence. Aussi son attitude, en ce jour si funeste, révèle-t-elle que, dès le prologue du drame, il était doublement trompé ; le cabinet de Berlin lui laissait ignorer ses desseins, et l'abusait sur l'état réel des Puissances auxquelles on lui faisait lancer une inacceptable provocation.

Avant de rappeler mes rapports avec le comte Berchtold pendant plus de deux ans de pourparlers, j'avais tenté d'esquisser la physionomie de cet homme d'Etat malgré lui. Ce petit essai qui remonte à 1917, est reproduit ici. De même un article nécrologique sur l'empereur François-Joseph que le directeur du Correspondant me fit l'honneur de me demander quand mourut le vieux monarque.

On trouvera dans ces pages écrites à la hâte, en pleine guerre, des appréciations qu'en des heures moins tragiques j'aurais formulées en des termes

croit que c'est moi qui ai poussé à la guerre. Cela n'est pas. J'ai au contraire tout fait pour l'empêcher, et j'en suis la première et la plus douloureuse victime. » (Voir la *Revue de la Semaine* du 24 décembre 1920).

plus modérés. On voudra bien tenir compte des dates où elles furent écrites ; cela devrait suffire à me faire excuser.

Ayant eu à exprimer plusieurs fois mon opinion sur les mêmes personnages et les mêmes faits, quelques répétitions témoignent que sur ces points ma conviction est d'une toute particulière solidité. Mieux vaut avoir trop insisté que de m'être contredit.

A. D.

LA DERNIÈRE AMBASSADE DE FRANCE

EN AUTRICHE (1)

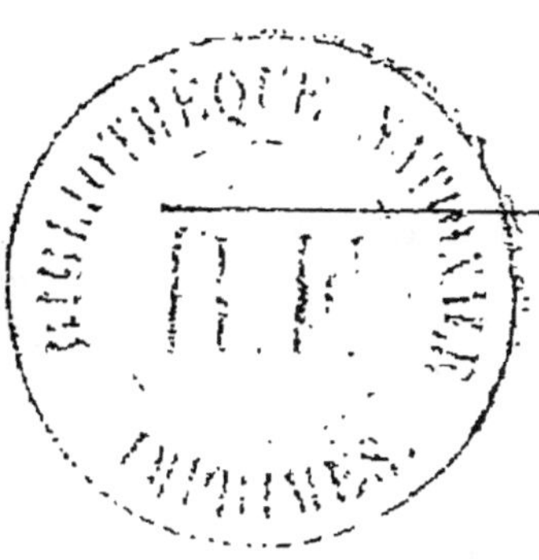

I

La fin d'une longue carrière m'a valu d'être, comme ambassadeur en Autriche-Hongrie depuis 1912 jusqu'à la déclaration de la guerre, le dernier représentant français qui ait connu les splendeurs et les singularités de la Vienne impériale. Ce qui s'est effondré depuis lors ne sera jamais reconstruit. Dès maintenant, les souvenirs des années antérieures à la catastrophe constituent des vestiges à recueillir et à rassembler. Chaque témoin doit sa contribution aux futurs historiens. C'est ce qui m'autorise à apporter la mienne, si minime qu'elle soit, sur ce régime aboli : rien de plus, d'ailleurs, que des bribes d'histoire, des anecdotes et des observations d'un caractère trop personnel ou intime pour avoir trouvé place dans des rapports officiels.

Quand tout semblait encore à peu près intact, il était pourtant évident que l'empereur octogénaire maintenait seul une manière de gouverner ses États

(1) Publié dans la *Revue de la Semaine* du 12 novembre au 3 décembre 1920.

et de régenter sa Cour qui disparaîtrait avec lui. Sur ce vieux pilier vénéré et vermoulu s'appuyaient des architectures hétéroclites, déjà fléchissantes et crevassées de partout, que l'on faisait durer par des consolidations provisoires. L'édifice hasardeux et branlant était marqué en partie pour la démolition. Mais, hâté par la défaite et la ruine des finances, le soudain écroulement a pris/de telles proportions qu'aucune parcelle du monument n'a pu être préservée. On ne sait même plus à présent à quoi utiliser les débris.

Ce que fut cette bâtisse énorme et chaotique aux complications inextricables, avec des prolongements dans tous les sens et de tous les âges, on devrait renoncer à s'en former une image si un parfait dessin n'en était conservé grâce à l'ouvrage de M. Wickham Steed, *la Monarchie des Habsbourg* (1). A quiconque est curieux de se renseigner sur l'ancien empire austro-hongrois, c'est le guide indispensable pour se reconnaître parmi ces décombres. Avec un singulier à-propos, l'auteur l'a publié la veille du désastre. Ce livre, vieux de sept ans seulement, prend déjà la valeur d'un manuel d'archéologie.

Le peu qu'on puisse essayer d'y ajouter, ce sont, crayonnées dans les marges, des remarques sur les incidents où l'on fut mêlé et quelques impressions directement ressenties. Toutes montreront avec quelle invraisemblable inconscience l'antique monarchie a

(1) Traduction de M. Firmin Roz. Paris, Armand Colin, 1914.

été précipitée vers l'abîme. Sans ces témoignages, qui voudrait croire, plus tard, au degré d'imprévoyance et d'incurie de presque tous ceux qui ont tenu en main le sort de l'Autriche ?

Pour les chefs de mission qui avaient à fréquenter assidûment le Ministère impérial et royal des Affaires étrangères, ce n'était assurément pas le moindre de leurs soucis que de rapporter à leur gouvernement certaines des réponses lentement obtenues des bureaux de la chancellerie ; l'incohérence ou la puérilité en était invraisemblable. On se sentait une part de responsabilité rien qu'à les avoir écoutées.

C'est un lieu commun, d'un bout à l'autre de l'Allemagne, d'infliger aux Autrichiens, dans les histoires drôlatiques, le rôle de Jocrisse, de Gribouille ou de notre moderne Calino. Ils ont été fâcheusement prédestinés à s'attirer les plaisanteries grossières ou les injurieux sarcasmes de leurs frères de race. Et de Bismarck tout spécialement : après les avoir dupés, battus et dépouillés, il les a, par surcroît, accablés de la férocité de ses boutades. La pitié lui était inconnue ; il avait le mépris de toutes les débilités, comme un païen, et s'en tenait à cette maxime de Sénèque : *Misericordia animi vitium est*, la miséricorde est un vice du cœur. L'auteur du traité sur *la Clémence* ajoute même qu'elle ne peut être ressentie que par les pires des hommes.

Heureusement, les Autrichiens ont été jugés avec moins de brutalité par les étrangers que par leurs congénères du Nord. On a observé que, dès qu'ils trouvent à s'employer hors de leur pays, nombreux sont ceux qui réussissent à se distinguer au point de vue intellectuel et technique. Ce que l'on appelle crûment « leur stupidité » provient donc non pas d'un manque d'esprit, mais de ce qu'ils n'ont pas chez eux d'occasion d'appliquer leur intelligence. Par quel calcul politique les gouvernants ont détourné l'opinion de s'occuper des affaires publiques, cela fut dit si souvent qu'il est superflu d'y revenir. Toute une population, en qui se mélangent « la versalité celtique, la mollesse des Allemands du Sud et la sensualité slave, a fini par ne plus rien prendre au sérieux, en dehors de la recherche du plaisir (1) ». Elle a été traitée à la façon de ces arbres dont des jardiniers japonais s'appliquent, de père en fils, avec une absurde patience, à entraver la croissance et le développement : cent ans de soins assidus pour étioler la nature, arrêter la sève et fabriquer des cèdres rabougris et des chênes nains !

Qu'à ce régime les intelligences se soient trouvées déprimées et puérilisées, le dommage est déjà grave ; on a pu le croire irrémédiable quand, sous le coup de la défaite et de la famine, toute valeur morale, toute fierté ont disparu. Plus choquante, en effet, que l'inaptitude des Autrichiens à produire de vigoureux efforts intellectuels a été leur résignation aux affronts que subissait l'honneur national. Même le plus âpre souci des besoins individuels n'excuse pas

(1) Wickham Steed, p. 309.

tant d'indifférence pour les intérêts généraux. A l'Autriche de montrer, maintenant, s'il en est temps encore, qu'elle ne méritait pas sa déchéance.

***

La beauté de Vienne et la gaieté de ses habitants ! renom solidement établi, mais pas tout à fait justifié, dont se parait la capitale : opinion flatteuse, que les touristes apportaient avec eux et ne prenaient pas la peine de contrôler. Tous ceux qui n'ont fait que passer sont repartis convaincus qu'il n'y a pas de ville plus somptueusement construite, ni de population plus joyeuse. Après deux ou trois courtes haltes au temps de ma jeunesse, j'y avais été pris comme les autres. Pendant les années que, depuis, j'y ai vécues, le vieillissement, les soucis, les angoisses ont modifié, peut-être exagérément, ces impressions d'un autre temps. Pourtant, toute personne qui séjournera longuement à Vienne s'apercevra bientôt, elle aussi, de ce qu'ont d'artificiel cette splendeur et cette légendaire gaieté. Elle s'en lassera comme, au théâtre, on se fatigue du factice des décors si prestigieux qu'ils soient et d'une figuration qui gesticule toujours de même. Les nobles édifices à la Marie-Thérèse et les imposants palais, orgueil de la ville, ce ne sont que des façades d'une splendeur postiche. Gardez-vous d'en aller voir l'envers : la brique, le carton pâte, le faux stuč, avec lesquels tout cela est fabriqué, apparaissent tout de suite.

De même pour ces flâneurs élégants et souriants

qui, d'un bout à l'autre de leur existence, traînent la vie oisive de villégiateurs à Deauville. Leur désœuvrement ferait haïr le repos le plus légitime. Et c'est une population entière qui, chacun suivant ses ressources ou ses expédients, promène sa paresse éternelle, avec des arrêts réglés par l'usage, au café, au club, à travers les salons, l'opéra, les concerts, les cinémas. Cette fainéantise générale a ses rites, ses traditions, sa discipline. On gaspille le temps, avec l'application méthodique d'un commis soucieux de le bien employer. Est-ce vraiment la vie de plaisir ? Il m'a semblé que ce n'en était que la grimace.

Un voyageur déçu remarquait, en outre, que Vienne est la seule ville du monde où ne se rencontrent pas de jolies Viennoises. Mais les Galiciennes, les Triestines, les fraîches Tyroliennes mettent du zèle à y suppléer. Trop de *trucage* partout, en somme, pour résister à l'examen.

Un art équivoque, sans conviction, un style composite hésitant entre le germanique dont il n'a pas la vigueur grossière et l'italien à qui il n'a pas emprunté toutes ses grâces, une population amalgamée d'Allemands, de Slaves, d'Orientaux, presque autant asiatique qu'européenne, cela suffit à amuser la curiosité, mais pas à conquérir la sympathie.

Quant à moi, par un effet de l'obsession professionnelle, presque toutes mes impressions se groupent autour du palais des Affaires étrangères, dénommé le Ballplatz, comme on dit à Paris le quai d'Orsay, à Berlin la Wilhelmstrasse ou, pour parler d'autrefois, le Pont aux Chantres à Pétersbourg. Vaste et massif édifice au flanc du palais impérial, près de places grandioses et de squares tout en fleurs ; tel ce *Volksgarten* où l'on découvre, dans un hémicycle de pierre et de verdure, le monument mélancolique dédié à la belle, fantasque et douloureuse Elisabeth, l'Impératrice de la Solitude. Par une claire journée de juin, le site est d'un charme exquis, à la fois urbain et champêtre ; le goût des artistes a su le décorer autant que la nature.

Mais comment raviver l'émotion dont on s'y sentait pénétré, alors qu'il a fallu tant de fois franchir, anxieux, le porche de cette Chancéllerie voisine, avec le désir d'y recueillir l'expression d'une pensée sincère, et toujours s'en retourner excédé des faux-fuyants, des inexactitudes maladroites et des déclarations timidement mensongères qui formaient tout l'art d'une diplomatie vieillotte et pusillasime ?

Que ce fût dans les salons d'un luxe banal affectés au ministre ou dans les bureaux voûtés, mal éclairés par de profondes embrasures, pareils à des réduits fortifiés ou à des cellules de couvent qu'occupaient les sections politique et commerciale, l'atmosphère était la même ; on y respirait un air jamais renouvelé, cela sentait le renfermé et le moisi : sensation persistante qui gâte le souvenir des magnificences d'alentour.

C'est là qu'à peine arrivé, je me rendis en hâte pour me faire annoncer au ministre des Affaires étrangères. Cet empressement est de règle : le mien

était encore stimulé par un avis de l'ambassadeur
d'Autriche à Paris. Quand j'avais pris congé de lui,
le comte Szecsen, avec sa maussaderie coutumière,
avait insisté sur l'urgence de calmer le comte
Berchtold qui, disait-il, était froissé de ce que son
Gouvernement n'eût pas eu à participer à un prêt
à la Chine consenti par les grandes Puissances. A
l'en croire, mes soins devaient s'employer, tout
d'abord, à dissiper ce nuage.

Le ministre avec qui je m'attendais à engager
aussitôt un débat d'affaire, fit montre de l'affabilité
un peu hautaine d'un gentilhomme élégant, nullement infatué de son rôle officiel, pas très assuré non
plus de ce qu'il avait à dire. Il se dépeignit plaisamment comme aussi nouveau venu dans ses fonctions
que moi dans son pays ; pour le prouver, il me ren-
seigna d'une façon toute fantaisiste, mais heureusement en termes fort hésitants, sur l'audience à
attendre de Sa Majesté. L'emprunt chinois auquel
je crus devoir faire une vague allusion, de toute
évidence il ignorait qu'on s'en fût occupé. Obligeamment il s'offrit à s'en enquérir auprès des chefs de
service : je ne me souviens pas que jamais il en ait
été reparlé.

Vêtu de clair avec une recherche excessive et trop
juvénile, l'air nonchalant et avenant, ce bel homme,
un peu blafard, cherchait à donner l'impression d'un
grand seigneur courtois qui interrompt ses plaisirs
pour accorder quelques instants à des questions
ennuyeuses. Combien ce successeur des Kaunitz et

aidé la monarchie austro-hongroise à remplir un de ses plus sérieux devoirs. Comme gage de gratitude pour tant de sagesse, on lui conférait la propriété d'un régiment de l'armée impériale. Or, c'est précisément à lui, comme au moins exposé, qu'était déjà réservé le rôle de déclarer, au nom de tous les Balkaniques, la guerre à la Turquie.

Contrairement à Ferdinand de Bulgarie, Nicolas avait grand plaisir à s'exhiber en roi. Promue après cinquante ans de règne, cette récente Majesté était toute glorieuse de son prix de persévérance. Ainsi que les autres chefs de mission admis à le saluer, je pus admirer le plus pittoresque des monarques ; son costume à demi-oriental, sa robuste corpulence de montagnard, l'expression à la fois cordiale, matoise et naïvement réjouie de son large visage étaient pour la curiosité un régal que procure rarement l'approche des personnes royales. Il fut abondant en effusions de tendresse pour la France, rappela, c'était inévitable, ses souvenirs de Louis-le-Grand, déplora le trop rapide départ de mon collègue et ami M. Ganderax qui venait de quitter Cettigné, et écouta avec intérêt l'éloge que je lui fis de Raymond Aynard, désigné comme nouveau représentant de la République (1). Mais des chambellans autrichiens, inquiets des retards que la loquacité du souverain introduisait dans le programme, s'arrangèrent pour écourter

(1) Mort glorieusement au champ d'honneur, devant Verdun en avril 1916.

l'audience. J'en eus regret : on ne s'amuse pas souvent autant en pareille compagnie.

La remise solennelle de mes lettres de créance à l'Empereur fut d'un intérêt tout différent. Le 3 juin, à midi, sous un soleil équatorial, un chambellan était venu nous chercher à l'ambassade avec deux carrosses. Dans le premier, d'une somptuosité déjà impressionnante, montèrent le conseiller comte Charles de Saint-Aulaire, un secrétaire, M. Victor Jaunez, et deux attachés, MM. François Gentil et le vicomte Robert de Dampierre. Le second, tel qu'on l'imaginerait pour un sacre, draperies, cocher à perruque, laquais accrochés derrière, tout en or, satin, soie brochée et brodée, m'était réservé, le chambellan modestement assis sur la banquette de devant. Traînées par des chevaux trop gras à une allure réglée par le protocole, les pompeuses voitures traversèrent une partie de la ville et longèrent l'interminable faubourg de Mariahilf avec une lenteur imposante et qui faillit devenir mortelle. Car on étouffait dans cette glorieuse vitrine roulante, sous les yeux d'une population qui agitait des chapeaux ou s'effondrait en profondes révérences. Au moment de défaillir, je me risquai pourtant à demander à mon compagnon si le cérémonial interdisait de baisser les glaces. Le malheureux n'avait pas osé me le proposer : nous eussions péri en cours de route, faute de nous expliquer. Il fallut bien trois quarts d'heure de ce trajet solennel pour atteindre le château de Schœnbrunn. Mais, ensuite, tout alla avec une réconfortante rapidité.

Une nuée d'officiers du palais s'abat sur nous.
Celui qui me précède se distingue par d'énormes
bottes à entonnoirs et une immense canne de Suisse.
Nous montons un escalier, traversons quelques salons
où des gardes, nommés archers, sont en faction à
toutes les portes. Puis, je suis remis aux mains du
grand maître des cérémonies et d'un autre haut
dignitaire de la Cour, les aimables comtes Cholo-
niewski et Gudenus. Avant que toutes les salutations
soient échangées, une porte s'ouvre et, au milieu
d'une vaste salle, l'empereur debout, tout seul,
apparaît.

Il portait la tunique blanche et le pantalon rouge
des feld-maréchaux, la poitrine barrée par un grand
cordon également rouge et blanc. (Pourquoi n'était-ce
pas la Légion d'honneur ?) Un peu tassé, mais pas
courbé, le visage rose et les yeux très vifs, malins et
presque rieurs, ce vieillard de quatre-vingt-quatre ans
était dans un état de merveilleuse conservation. Je
tâchai de lui débiter un petit discours qu'il est
d'usage de prononcer sans le lire. Mais il m'en
épargna aussitôt l'effort, comme indifférent à ces
banalités, et se mit à me poser des questions sur la
guerre italo-turque, sur le Maroc, sur M. Fallières
pour qui il professait une sympathie souvent remar-
quée ; son débit était rapide, sa mémoire prompte et
précise, les termes dont il se servait d'une correction
tout académique. Il déclara au surplus combien il
tenait à ce que le français fût parlé correctement.
« Les jeunes gens ne s'y appliquent plus assez ; ils ont
bien tort. De mon temps, on y prenait quelque peine,

mais on obtenait de bons résultats. Je disais à un de mes neveux qui se rendait à la cour de Russie : comment oses-tu aller là-bas ? Avec ton mauvais français, tu vas faire rire tout le monde. »

Exempté de ma harangue et mis à l'aise par l'humeur enjouée de Sa Majesté, je n'avais plus qu'à l'écouter. Je pus placer quelques mots sur sa fille la princesse Gisèle, mariée au prince Léopold de Bavière. « Oh ! oui, ma fille m'a souvent écrit *de* vous et *de* Mme Dumaine ». Et voilà l'entretien qui s'allonge au sujet de la Cour de Munich. Au lieu des trois minutes prévues, il durait depuis un quart d'heure, quand l'empereur m'invita à lui remettre la grande enveloppe scellée que je tenais en main, et à lui présenter mon personnel.

Ceci nécessitait une manœuvre compliquée : reculer tout en faisant face au souverain jusqu'à la porte d'entrée et frapper, la main au dos, trois coups sur un des battants (détails mentionnés dans une notice imprimée). Aussitôt l'opération accomplie sous le regard un peu narquois de l'empereur, en meilleure situation que moi pour s'égayer du comique de ces rites, entrèrent mes quatre collaborateurs. Je les nommai, et le souverain s'entretint avec eux d'une manière très affable, en accordant à M. de Saint-Aulaire, qui partait pour le Maroc, des témoignages spéciaux d'estime et d'intérêt.

Tout s'étant bien passé, je revins l'esprit plus libre à l'Ambassade, toujours en compagnie de l'obligeant chambéllan qui devait, plus tard, m'assister encore dans la cérémonie beaucoup plus longue et compliquée du *ricevimento*.

Les premières démarches pour entrer en rapport avec les collègues étrangers et prendre contact avec la société constituent pour un nouvel arrivant une rude épreuve, surtout dans une grande et aristocratique capitale. Une fête dans les jardins du comte Zichy, grand maréchal de la Cour, un goûter chez la comtesse Berchtold servi dans une élégante demeure que son mari avait acquise du grand-duc de Nassau, me valurent d'être présenté en deux jours à presque toutes les femmes et d'avoir échangé quelques paroles avec la plupart des hommes qui ont leurs entrées au palais. Dès ce moment, connu d'eux, j'étais tenu par réciprocité de reconnaître à toute rencontre ces centaines de personnages si rapidement aperçus. La crainte des oublis et des méprises devait se lire sur mon visage, car quelques dames compatissantes m'affirmèrent charitablement que, pendant la période des débuts, les plus invraisemblables confusions étaient permises. Au surplus, un éloge que mérite sans conteste la haute société viennoise est dû à la délicate prévenance de son accueil ; une parfaite distinction s'allie à la simplicité et à la bonne grâce. L'orgueil du rang n'y engendre jamais la morgue. Toutefois, ces représentants de la plus ancienne noblesse ne tolèrent pas que des étrangers, trompés par la courtoisie dont on les honore, se croient aussitôt admis à l'intimité ; c'est alors que les distances leur sont rappelées par quelqu'une de ces impertinences hautaines où excellent les grands seigneurs autrichiens. Mais n'en pâtit, somme toute, que celui qui s'y est maladroitement exposé.

La tournée de visites aux chefs de mission me mit en présence de gens aimables par profession, mais qui se réservaient et m'observaient avec des degrés très divers de curiosité. Je démêlai tout de suite beaucoup de cordialité chez l'ambassadeur de Russie, M. Nicolas de Giers, une prudente circonspection chez le duc d'Avarna, ambassadeur d'Italie, une politesse empressée et artificielle chez l'Allemand, M. de Tschirschky. L'ambassadeur d'Angleterre avait été en même temps que moi ministre en Bavière : je m'attendais donc à ce que nos anciennes relations se rétablissent avec le crescendo de sympathie qui presque toujours se manifeste, entre diplomates, quand on se retrouve dans un nouveau poste. Mais, depuis que je l'avais quitté à Munich, déjà fort atteint, la paralysie l'avait à peu près complètement envahi. Fort érudit et fin lettré, il avait publié sur la Perse des ouvrages estimés. Sa culture allemande était des plus développées et il s'exprimait en notre langue avec une rare perfection. Ce qu'il avait conservé d'activité intellectuelle ne lui servait qu'à émettre des opinions spirituellement paradoxales et trop souvent opposées aux intérêts de l'entente cordiale. C'est seulement un an plus tard que le Foreign Office lui accorda un repos devenu très nécessaire.

Un fantaisiste représentant du gouvernement ottoman, Mavroyeni, devait à son père, un médecin grec apprécié du sultan Abdul Hamid, les hasards propices de sa carrière. Il avait été prince de Samos, ce qui, malgré la sonorité du titre, n'est pas une fonction très supérieure à celle de sous-préfet. Mais, à Vienne, il sentait déjà souffler le vent de la disgrâce. Très expansif dans ses effusions, il se hâta de me faire participer à un dîner où, dans un mélange bizarre de gens de la Cour, de diplomates et de banquiers cosmopolites, je commençai à me renseigner sur le monde que j'avais à fréquenter. Peu après, Mavroyeni fut destitué ; se méfiant du régime des Jeunes Turcs, il refusa de rentrer à Constantinople, de se représenter « au seuil doré de la Porte de félicité ». Resté à Vienne, ignoré ou négligé, il me sut gré d'être à peu près le seul à me souvenir du rang qu'il y avait occupé. Avec son remplaçant, Hussein Hilmi Pacha, ancien grand vizir, personnage d'importance, j'entretins des relations qui furent parfois d'un vif intérêt.

Un des collègues dont la fréquentation, je ne m'en cache pas, me fut très agréable et souvent utile, a été le ministre de Grèce, M. Georges Streit, dénoncé depuis comme l'inspirateur ou le complice des manœuvres les plus perfides du roi Constantin. Son grand-père, Bavarois de naissance, était venu en Grèce avec le roi Othon, et fut grand maréchal de la Cour. Son père, ministre des finances helléniques, a fondé la banque nationale d'Athènes. Lui-même, d'abord compagnon d'études du prince héritier, puis élève des universités de Berlin et de Paris, avait, très jeune encore, professé le droit des gens et s'était acquis l'estime des grands juristes internationaux. Afin de le préparer à diriger la politique extérieure de la Grèce, le roi Georges venait de lui confier la légation de Vienne. Il s'y montrait perspicace, travailleur, modeste, et observait les complications balkaniques avec toutes les apparences d'une ardente sympathie pour l'appui qu'attendait de la France l'expansion de l'hellénisme. Sous la surveillance immédiate du roi Georges avec qui il entretenait une active correspondance, Streit, peu courageux dans ses opinions, ne se permettait que celles qui lui conservaient la confiance royale. Une seule fois il s'était risqué, lui-même me l'a raconté, à représenter à son souverain que venir chaque année à Vienne et ne jamais passer par Berlin, pourrait éveiller les susceptibilités allemandes. « Mais oublies-tu donc, avait répliqué vivement le roi, que je suis danois ? » Cela avait suffi pour que le très souple Streit cachât soigneusement ses sentiments intimes.

Changez-le de milieu : il aurait été un de ces teneurs de livres, comme il nous en est tant venu d'outre-Rhin, assidus et dévoués à leur patron. Qu'un autre les embauchât, ils travaillaient avec la même exactitude contre les intérêts qu'ils avaient soutenus jusque-là. A ces parfaits comptables un labeur méthodique tient lieu de conscience. Celle de Streit, vraisemblablement, l'incitait à servir la puissance germanique ; mais, avec un vieux maître hostile aux Allemands, il la laissait s'assoupir. Elle se réveilla, après le régicide de Salonique, à l'appel du nouveau monarque, beau-frère de Guillaume II. Il mit alors allégrement son zèle d'accord avec ses secrètes sympathies. Je l'ai connu admirateur éperdu de M. Vénizélos ; contre lui, il a tramé, depuis, des conspirations d'où n'était même pas exclu le meurtre. Il a perfectionné la palinodie.

C'est pourtant à l'amitié qu'il me témoignait que je dus d'avoir, en octobre de cette même année, un long et très confiant entretien avec le roi Georges. Comme toujours à l'automne, celui-ci s'était arrêté à Vienne pour y voir sa sœur, la duchesse de Cumberland. Cette visite fut la dernière ; six mois plus tard, il tombait assassiné. Un règne d'un demi-siècle et des relations familiales avec presque tous les souverains européens ne l'avaient pas imbu de la foi dans son pouvoir, ni dans ses lumières. Il se montrait, en toute simplicité, fort troublé et incertain des décisions à prendre. Personne ne doutait autant que lui des chances de succès de l'hellénisme. Tandis que les troubles révolutionnaires en Crète lui faisaient craindre une aggravation du conflit avec la Turquie, le souvenir de la funeste campagne de Thessalie, en 1897, ne lui laissait pas d'illusions sur les talents militaires de son fils, non plus que sur la force de résistance de son armée. Il sentait la nécessité d'agir et redoutait de s'engager. Je fus touché de sa tristesse et surpris de sa franchise à avouer ses perplexités. L'audience prenant fin, le vieux Georges Ier m'expliqua la hâte de son départ en ces termes vraiment peu royaux. « Je suis bien pressé de me retrouver à Athènes, *afin de savoir ce que ces Messieurs veulent faire* ». Le destin l'appelait à des conquêtes sur lesquelles il ne comptait pas et à une mort qui l'a frappé pendant le triomphe le plus inespéré.

Depuis quelques semaines alors, toute la péninsule balkanique était en armes. Par une accablante malchance qui devait se renouveler si tragiquement deux ans plus tard, le comte Berchtold venait à son insu, contre son gré, de déchaîner déjà une première guerre.

Dès le milieu d'août, en effet, il avait pris au sujet des affaires d'Orient une très considérable initiative, mais sans pouvoir expliquer vers quel but elle tendait, ni les moyens par lesquels il comptait réussir, ni l'opportunité de cette subite résolution. Sa proposition consistait à engager une conversation entre cabinets européens sur les remèdes à apporter à la situation des populations chrétiennes de Macédoine ; il s'agissait de soutenir dans son effort l'administration turque qui se trouvait, affirmait-il, dans les meilleures conditions pour réparer ses fautes passées et introduire de sérieuses réformes. Chacun fournirait son projet et, de l'ensemble des réponses, le gouvernement austro-hongrois se chargerait de dégager un programme qu'il n'y aurait plus qu'à faire accepter au sultan. J'essayai d'obtenir des indications moins imprécises ; effort inutile, le comte Berchtold s'effarait dès qu'on tâchait de lui faire exprimer une idée en quoi que ce soit réalisable. Cette fameuse proposition à laquelle, pour son malheur, son nom restera accolé, plus on le pressait de la développer, plus au contraire il la réduisait, l'amincissait, en faisait quelque chose de si menu et rétréci qu'on en venait à ne plus savoir sur quoi l'on discutait.

Trop récemment arrivé pour confier mes doutes à mes collègues, m'interdisant d'ailleurs de supposer un manque de profondeur chez le premier ministre, je m'efforçais en vain de percer l'opaque brouillard qui cachait ce néant. Mon erreur fut celle de tous les cabinets consultés ; nul ne put imaginer que la vieille monarchie était ainsi follement lancée dans une aventure dont aucune des conséquences n'avait été pesée ou seulement entrevue.

Chez Berchtold, un casuite ne découvrirait ni la pleine advertance, ni le complet consentement, conditions essentielles de la faute tout à fait damnable. Est-ce une chance pour qu'au jugement dernier de l'Histoire, son inconsistance lui fasse compter ses péchés comme véniels ? Souhaitons-le lui. Mais, de même que dans la vie militaire l'ivresse, au lieu d'être une excuse, entraîne une plus rigoureuse condamnation, la légèreté chez un homme d'Etat pourrait bien aussi aggraver la culpabilité.

Ce qu'il fit entendre de plus explicite, c'est, en septembre, sa déclaration aux délégations réunies en session. Cette glose est à retenir comme spécimen des formules prudemment balancées et savamment réticentes que trituraient les bureaux de la Chancellerie.

« Les pourparlers actuels ont pour objet de trouver une solution moyenne qui, tenant compte dans une mesure convenable des légitimes susceptibilités de la Porte, soit cependant de nature à offrir une base de réformes positive qui puisse donner satisfaction aux différentes nationalités de l'empire ottoman et ainsi assurer le maintien de la paix ». L'assemblée bien stylée poussa la flagornerie jusqu'à l'assurer que ces paroles exerceraient une action bienfaisante au dehors.

Admettrons-nous que le comte Berchtold ait eu quelque révélation du pacte secret des quatre belliqueux Balkaniques contre la Turquie et que ce soit pour prévenir le conflit qu'il lança sa proposition ? L'intention serait louable ; on devrait lui en savoir gré. Mais que penser alors de ses objections et de ses atermoiements, quand les Puissances consultées et tout de suite consentantes le pressaient d'y donner une suite immédiate ?

Approuvé par tous, talonné par les mobilisations en voie de s'accomplir, au lieu d'agir d'urgence, il ne savait qu'ergoter, suggérer des atténuations ; il prolongeait comme à plaisir d'oiseux débats sur la forme protocolaire à faire revêtir aux avertissements. Si grave que fût l'heure et imminent le danger, il forçait à penser à ces pompiers de village requis pour un incendie, qui, par souci du décorum, s'acharnent à astiquer leurs casques avant d'aller éteindre le feu.

La foi sans les œuvres est une foi morte, a dit l'apôtre. Pareillement pour les velléités pacifiques du cabinet de Vienne. Plus qu'aucun chef de gouverne-ment, M. Poincaré, à cette époque Président du Conseil et Ministre des Affaires étrangères, multiplia les preuves de son ardent désir de sauvegarder la paix. Loin d'accueillir avec gratitude les nombreuses offres de collaboration que j'avais à lui communi-quer, le soupçonneux Berchtold croyait découvrir, en chacune d'elles, une menace à l'intégrité de la Turquie ou à la souveraineté du sultan. Il avait crié au secours en faveur des chrétiens de la Macédoine ; on accourait, et il ne parlait plus que de respect révérencieux pour les droits de leurs oppresseurs.

Le temps perdu par lui ne le fut pas pour les Balkaniques. Dûment renseignés sur le projet qui mûrissait et prêts à attaquer, ils n'entendaient pas qu'on s'interposât entre eux et les Ottomans. Leurs décisions n'en furent que plus rapides. Et, déjà, l'empire turc se voyait assailli par les quatre conju-rés, quand, à Sofia, Belgrade, Athènes et Constanti-nople, les représentants européens en étaient encore à annoncer que les puissances se réservaient de prendre en main la réalisation des réformes.

Pas plus au point de vue diplomatique que mili-taire, ces notes ne sont rassemblées pour former un récit des événements. Elles ne visent qu'à relater le peu qu'il était possible d'observer par soi-même dans les régions de mystère et de dissimulation où me surprenait, en pleine période d'initiation, l'éclate-ment de la crise.

*
* *

Au milieu de septembre, avant que l'effervescence
de l'Europe orientale ne troublât gravement la quié-
tude de l'Autriche, Vienne avait accueilli avec une
somptuosité sans pareille un congrès eucharistique.
C'était la vingt-troisième de ces pieuses solennités.
La France pouvait se prévaloir d'en avoir pris jadis
l'initiative. Mais les précédentes, où qu'elles aient
été célébrées, n'étaient que des actes de dévotion
accomplis dans la nef des cathédrales, autour de
sanctuaires vénérés ; les fidèles seuls y avaient eu part.
En Autriche, sous l'influence de l'archiduc héritier, on
entreprit de transformer cette nouvelle manifestation
catholique en une immense démonstration de foi
monarchique encore plus que religieuse. Pour le
présomptif mal connu de ses futurs peuples et peu
aimé de ceux qui l'approchaient, la circonstance
paraissait propice de se faire acclamer en même
temps que le Saint-Sacrement et à la place ou tout
au moins aux côtés du vieux souverain. Avec Dieu et
l'empereur comme répondants, il pouvait se pro-
mettre un succès certain.

Tout fut mis en mouvement pour attirer la foule
des plus lointaines parties de l'Autriche-Hongrie.
L'affluence des Galiciens, Ruthènes, Tchèques, Tyroliens, Croates, Dalmates, dans le bariolage de leurs
costumes nationaux, fut vraiment aussi énorme que
pittoresque. Ces populations, surexcitées par toutes

les curiosités, se ruaient à une sorte de plébiscite beaucoup plus qu'à un pèlerinage.

Séduits par l'attrait des fêtes qu'on annonçait à grand fracas, les étrangers vinrent aussi très nombreux. Dans les assistants, on comptait 6.000 Français, dont 500 prêtres et évêques. Par contre, très peu d'Italiens et pas un seul membre de leur épiscopat. Même sur le terrain de la dévotion, ces deux nations alliées ne pouvaient se décider à pratiquer la fraternité.

L'expérience m'avait appris à mes dépens qu'il est peu prudent de préférer la courtoisie envers le clergé au genre d'attitude qu'aimeraient à imposer certains de nos gouvernants. J'étais pourtant bien résolu à ne me guider que sur ce que conseilleraient les convenances. Je demandai toutefois l'avis du ministère avec l'espoir que toute latitude me serait accordée. La réponse fut autre ; interprétée au pied de la lettre, elle aurait dû me déterminer à m'éloigner de Vienne pendant les cérémonies du congrès : ce qui, dès mon entrée en fonctions, m'eût disqualifié pour la suite de ma mission. Au risque d'en abréger la durée, je cherchais un prétexte qui me soustrairait à cette malencontreuse injonction : un message officiel de l'archiduc héritier vint me le fournir. Il conviait individuellement les représentants étrangers et leur personnel à assister à la procession, du haut d'une terrasse de la Hofburg, dans l'aile en construction destinée à sa résidence. Suivant l'usage des Cours, cette invitation était de celles qu'on ne décline pas. Je n'avais donc qu'à m'y rendre.

Une absence momentanée, quel qu'en eût été le motif, aurait été d'ailleurs fort intempestive. Les demandes de places au profit des Français obligeaient à de multiples démarches ; des correspondants de journaux arrivaient de partout, réclamaient des informations ; enfin, ce n'était pas trop de toutes les activités pour soutenir les membres de notre clergé contre la sournoise hostilité d'une partie de celui de Vienne. Par bonheur, le secrétaire général français du congrès se montra non moins ardent patriote que fervent chrétien. Très bravement, il démasqua des diffamateurs et résista à des tentatives d'obstruction où se trouvait mêlé jusqu'à l'archevêque de Vienne. Un prélat belge, directeur des travaux du congrès, que la guerre, ensuite, a cruellement éclairé sur son erreur, s'était laissé circonvenir par des prêtres allemands et autrichiens. L'intrigue ourdie entre eux devait faire interdire aux orateurs l'usage d'une autre langue que l'allemand et le latin. A force de ténacité, un succès considérable fut préparé au cardinal Amette qui, dans une très vaste salle, devant un auditoire de plusieurs milliers de personnes, fit applaudir l'ampleur de sa pensée, en même temps que la belle langue dans laquelle il s'exprima.

Le couronnement des cérémonies et des réunions était la procession solennelle, fixée au 18 septembre. Dans un pays habitué aux fêtes religieuses les plus pompeuses, on voulait que le faste de celle-ci surpassât les splendeurs vues jusqu'alors.

Le luxe des uniformes revêtus par une cavalerie d'élite était inimaginable : des escadrons de gardes du corps étincelants sous l'or et la pourpre, de trabans empanachés, brodés du col aux bottes avec sur l'épaule l'*attila* en peau de tigre, encadraient le défilé ; des centaines de hauts dignitaires civils et militaires dans des tenues éblouissantes participaient à cette extraordinaire mobilisation des contingents catholiques au profit exclusif des Habsbourg. La préoccupation purement politique prit même une forme concrète quand il s'agit d'ordonner le cortège. Le carrosse de gala aux panneaux décorés par Rubens, réservé au Saint-Sacrement sous la garde du légat du Pape, devait être traîné par six paires de chevaux, tandis que celui de l'empereur, à la suite, n'en aurait comporté que quatre. Mais, au dernier moment, il parut impossible au loyalisme dynastique qu'un si considérable droit de préséance fût conféré au Tout-Puissant, et les deux carrosses, finalement, défilèrent attelés chacun de huit chevaux. Celui de François-Joseph fut de beaucoup le plus enthousiastement acclamé.

Par l'effet de l'habitude, la Divinité se trouva traitée comme n'importe quel peuple de l'empire auquel n'était jamais accordée qu'une partie de ce qu'on lui avait promis.

Est-ce par ressentiment de ce procédé, le ciel s'acharna sur les magnificences de cette prodigieuse procession. La pluie n'avait guère cessé de tomber durant les jours précédents : elle devint torrentielle, diluvienne pour celui de l'apothéose. L'eau s'abattit en véritables cataractes sur les reposoirs, ruinant et détruisant les draperies, les oriflammes, les légères architectures élevées à grands frais dans les différents quartiers de la ville. Elle fit rage sur le cortège, noyant plus qu'à moitié ceux qui n'avaient pas déserté leur rang, creusant des fondrières, étendant des cloaques sur le parcours des merveilleuses voitures. Le désastre fut complet, et la foule innombrable, en habits de fête, se dispersa affolée sous ces formidables averses.

L'archiduc, a-t-on raconté, avait essayé de tirer avantage de ces intempéries, en représentant que l'empereur ne devait pas y exposer sa fragile santé de vieillard. Mais François-Joseph, soit par dévotion, soit par obstination à n'abdiquer aucune de ses prérogatives de souverain, remplit exactement la partie de son rôle qui ne l'obligeait pas à sortir du carrosse où il se tenait blotti avec le présomptif.

Le cardinal Amette, durant son court séjour à Vienne, ne se présenta pas à l'ambassade et me fit savoir qu'il s'en abstenait à regret, par égard pour nos situations respectives.

Le gouvernement de la République n'eut, en somme, qu'à se louer de ce que j'eusse réglé moi-même ma conduite en cette occurrence : du moins, je n'en fus pas blâmé.

II

Les soulèvements de cette année-là, en Albanie et en Macédoine, faisant suite à tant d'autres qui se renouvelaient avec la même régularité que l'alternance des saisons, avaient médiocrement ému l'opinion ; c'était une conséquence attendue des mesures violentes qu'avait maladroitement décrétées le gouvernement jeune turc à Constantinople. Mais la surprise fut au comble à la nouvelle des rapides et décisives victoires que, partout, remportaient les alliés balkaniques sur les Ottomans.

En quelques semaines, les Serbes glorieusement vainqueurs à Novi Bazar et Kumanowo traversaient l'Albanie et atteignaient aux rives de l'Adriatique, à Durazzo ; les Bulgares, culbutant les Turcs à Kirk Kilissé, à Lulé Bourgas, et dépassant Andrinople, s'avançaient jusqu'à Tchataldja, à 40 kilomètres de Stamboul. Leur roi Ferdinand croyait tout proche le jour où il serait proclamé empereur dans Sainte-Sophie sous le nom de Siméon II. Les Monténégrins serraient de près Scutari, et les Grecs entraient triomphalement à Salonique.

Succès foudroyants qui réduisaient à néant les combinaisons passablement tortueuses du cabinet de Vienne. Il s'était persuadé qu'une coalition des petits États, si même elle parvenait à se former, n'aurait jamais raison de la Turquie : ces vassaux en révolte, incomplètement émancipés, ne devaient pas l'emporter sur la Puissance, récemment encore leur suzeraine.- Dans le pays de M. de Metternich, pareil résultat paraissait d'une inadmissible immoralité. Mais, pensait-on, la rude leçon qu'ils recevraient des troupes ottomanes les affaiblirait pour longtemps et rendrait plus facile ensuite l'œuvre de pénétration vers l'Est, le *Drang nach Osten*, dont les deux empires centraux poursuivaient obstinément la réalisation ; tout en affectant de travailler au maintien de la paix, on s'était donc fort bien résigné à voir ces imprudents partir en guerre, leur complète défaite n'étant mise en doute par personne.

Devant le fait accompli, c'est la constante habitude de la diplomatie autrichienne d'affirmer que tout s'est passé suivant ses prévisions et d'après ses calculs. La plaisanterie sur le pilote marseillais qui se vantait de connaître les moindres écueils de la rade et s'écriait : « la preuve ! en voilà un ! » quand son bateau sombrait, n'aurait pas fait sourire les gens du Ballplaz : ils auraient vu là un homme avisé, dans leur genre. Cette fois pourtant, la déception fut cruelle et difficile à dissimuler. C'est que, parmi tant de résultats contraires aux vœux de l'Autriche, il en était un qui la mortifiait à un degré intolérable, le succès remporté par les ambitions de la Serbie, le débouché qu'elle s'ouvrait à la mer.

A qui n'a pas eu de contact direct avec les meneurs de la politique austro-hongroise, si fiers de l'apparente puissance de leur monarchie, comment donner une idée de la haine vouée au petit Etat voisin ? Haine absurde autant qu'aveugle, qui, pour favoriser les plus médiocres intérêts, mettait en péril la solidité de l'empire. La morgue, le mépris, la rancune se combinaient avec la honte de poursuivre vainement, depuis dix ans, contre un chétif adversaire, une lutte sournoise et ridiculement disproportionnée.

Ce n'était pas assez que les Serbes fussent honnis et décriés, ils étaient menacés aussi de la ruine : des tarifs d'un savant machiavélisme leur ôtaient la possibilité de tirer parti de l'élevage et du sol ; leurs cochons et leurs prunes, traqués, prohibés, ne pouvaient être exportés. Et même, il ne fallait pas que cette population laborieuse eût l'air d'exister : c'était seulement pendant la nuit que d'ingénieux horaires laissaient traverser la Serbie aux express internationaux, afin que les voyageurs ne pussent voir les campagnes soigneusement cultivées et les villages florissants. L'Autriche et la Hongrie avaient entrepris de caviarder ce petit royaume sur la carte de l'Europe.

Mais ces Serbes odieux que l'on s'acharnait à affamer, écraser, supprimer, non seulement ils survivaient et résistaient : voilà même qu'une marche irrésistible de leur armée les installait dans un port de l'Adriatique !

La vieille monarchie, entichée, comme une aristocratique douairière, de ses titres et de ses prérogatives, d'autant plus altière qu'elle était déjà un peu déchue, ne se doutait pas du danger d'avoir exaspéré un adversaire méprisé, ni qu'à force de procédés déloyaux, méchants, inavouables, elle eût exalté jusqu'au paroxysme la colère des Serbes.

Mon étonnement avait été grand d'entendre un attaché militaire français à Belgrade, le colonel F..., m'affirmer que si la lutte s'engageait, la défaite des Autrichiens, malgré leur énorme supériorité numérique, était certaine. Sa conviction ne se fondait pas seulement sur la valeur de qualités purement militaires : endurance, robustesse, sûreté du coup d'œil comme pointeurs et tireurs, bravoure légendaire, qui méritaient aux soldats serbes d'être mis au rang des meilleurs. Mais, ce qui déterminait encore plus le pronostic du colonel, c'est l'esprit de discipline que leur imposait l'ardent dévouement à la patrie. Il en citait maints exemples, celui-ci entre autres. Pour accompagner une commission internationale de délimitation à travers les régions frontières de la Macédoine et de l'Albanie, 150 hommes avaient été prélevés dans les armées austro-hongroises. En vue de ménager les susceptibilités nationales, cette escorte était composée de soldats des différentes parties de la monarchie ; d'où discussions entre eux, querelles, violences envers les populations, et impossibilité pour les officiers de se faire obéir d'hommes d'une autre race que la leur. Ces désordres entravaient les travaux de la commission. Le délégué serbe offrit alors modestement les services de ses compatriotes : on en fut réduit à les accepter. Dès ce moment, secondés par la nouvelle escorte docile et pleine de zèle, les commissaires eurent toute facilité pour s'acquitter de leur tâche.

L'union des cœurs dans l'amour de la patrie, elle s'imposait au peuple entier, inspirant à chacun un héroïsme vraiment cornélien. Lors de l'appel des hommes valides sous les drapeaux, un maître d'école venait d'épouser une jeune fille qu'il adorait. Par ses fonctions, il était dispensé du service militaire. Sa femme en avait honte pour lui, mais elle n'obtenait pas qu'il sacrifiât leur réciproque tendresse à la gloire de la Serbie ; l'amoureux instituteur se retranchait derrière ses devoirs envers ses élèves. Désespérant de le convaincre, assurée qu'elle était l'obstacle à supprimer, elle se résolut à mourir ; son vœu suprême, en se donnant la mort, fut que son mari, s'il revenait vainqueur, fleurît sa tombe d'un rosier.

De pareils états d'âme sont incompréhensibles pour la futilité autrichienne. Au lieu que la victoire des Serbes eût révélé aux gens du Ballplatz le danger redoutable d'un peuple fanatisé jusqu'à la fureur par la plus haute conception de l'unité nationale, ils n'y virent qu'un accident, désagréable sans doute, mais aux suites duquel leur habileté saurait bien remédier. Le recours aux armes leur était interdit, puisque en tête du programme qu'ils s'étaient tracé figurait le maintien de la paix. Mais ils se sont toujours cru experts en artifices et en stratagèmes. Celui qu'ils estimèrent en l'occurrence d'une efficacité certaine devait ajouter à la série de leurs déceptions.

Depuis une vingtaine d'années, l'Autriche s'était prise d'intérêt pour les Albanais, non certes par sympathie pour ces insociables montagnards, mais dans l'idée d'empêcher l'Italie d'étendre sur eux son influence. A cette rivalité de prépondérance sur la rive orientale de l'Adriatique, l'Albanie doit d'avoir été introduite dans la politique européenne. Les cabinets de Vienne et de Rome s'étaient officiellement engagés à en respecter l'autonomie, si ce pays se libérait de la domination turque. Mais, sournoisement, par des émissaires et des intrigues, ils s'y disputaient la primauté ; le premier, au prix surtout de beaucoup d'argent dépensé en subventions aux écoles parmi une soi-disant clientèle catholique, et sans profit d'ailleurs. Car, à maintes reprises, des personnages venus de Vienne comme inspecteurs des établissements entretenus à grands frais par le gouvernement austro-hongrois, au lieu de recueillir des expressions de gratitude, avaient eu la déception d'entendre la jeunesse albanaise pousser, tout d'une voix, le cri de *Evviva l'Italia*.

Dans ces contrées fertiles principalement en déconvenues, le comte Berchtold s'avisa pourtant de chercher une compensation à l'affront que les succès des Serbes venaient d'infliger à sa politique. Pour qui viserait à atteindre à la mer, les Musulmans batailleurs habitant la région côtière de l'Adriatique ne forme-

raient-ils pas un obstacle infranchissable ? Et quoi de
plus expédient, en guise de barrière, que de faire des
Albanais une nation fermement résolue à défendre
les frontières qu'on lui attribuerait ? Tâche dont la
monarchie était seule à ne pas mesurer les difficultés
et que son premier ministre se représentait comme
aisée à mener à bonne fin, rien qu'avec des circu-
laires diplomatiques. Il fondait sa confiance sur un
propos de Ferdinand de Bulgarie, redoutable pince-
sans-rire. « L'Albanie, lui avait dit le roi, est un iné-
puisable réservoir d'énergies intellectuelles et morales ». Berchtold ne se demandait pas qui, de lui
ou de ses adversaires, saurait le mieux y puiser. Il
s'était convaincu, sans plus d'enquête, de la facilité
d'infuser aux Albanais farouches et pillards des
mœurs policées et le goût de la sécurité. C'est sur
cette illusion qu'il combina son plan.

L'histoire de l'Etat albanais n'est qu'un médiocre
épisode dans un drame effroyable. Mais les quelques
scènes qu'elle fournit permettent la détente et le
sourire. A cette aventure, quoiqu'il n'ait manqué ni
le sang répandu, ni de dures souffrances, se mêle
tant de ridicule, avec des revirements et des quipro-
quos si variés que, malgré tout, on s'en souvient
comme d'un intermède franchement burlesque.

Parce qu'il en était le principal inventeur et espérait en tirer gloire, le comte Berchtold n'en parlait
qu'avec gravité. Son entourage ne s'astreignait pas à
l'imiter, surtout après la visite que fit à Vienne le
candidat si étrangement choisi par l'Allemagne pour

présider à la fondation du nouvel Etat. J'aurai à dire plus loin avec quel étonnement on apprenait à connaître le prince de Wied. Nul ne semblait moins apte au rôle qu'on lui assignait. Les Autrichiens d'ailleurs n'avaient eu aucune part à cette désignation. Ils en sentirent le ridicule, mais sans plus s'inquiéter des conséquences à en attendre.

Avant la visite de ce décourageant aspirant au trône, j'avais reçu celle d'un des hommes qui prétendaient travailler à constituer la nation albanaise. Soit dit incidemment, l'indépendance ou l'autonomie a surtout été réclamée par des émigrés originaires de la partie méridionale de l'Albanie, mais fixés en Grèce, en Italie, à Genève, à Londres et jusqu'aux Etats-Unis, avec la ferme résolution de ne pas rentrer au pays natal. N'en est-il pas ainsi des opulents promoteurs du Sionisme dont bien peu consentiraient, pour affirmer leur foi, à s'établir à Jérusalem ? Autre chose est de souscrire à la reconstruction du temple ou de venir vivre à son ombre.

Ismaïl Kémal bey, quand il entreprit de se faire connaître à Vienne en avril 1913, présentait cette singularité d'être le plus irréel des gouvernants : chef provisoire d'un Etat qui n'existait pas encore, il continuait une carrière toute d'intrigues et d'aventures qu'il se vantait, afin de l'ennoblir et de la rehausser de quelque unité, d'avoir consacrée au relèvement de sa patrie. Le choix des moyens n'était contrarié par aucun scrupule. Il avait extorqué des subsides à tous les gouvernements auxquels il avait su faire croire que le succès de ses combinaisons leur profiterait ; même du souverain du Monténégro, son émule en ce genre, il avait, dit-on, tiré une commandite.

Ce Scapin politique était un petit homme d'aspect chétif, mal soigné, menu comme pour mieux se faufiler, la barbe clairsemée et poivre et sel, le regard fuyant, la parole facile, mais sans autorité ni franchise ; sorte de courtier marron dont par instinct on se méfiait, *mercanti* du patriotisme qui disqualifiait sa marchandise par sa façon d'en vanter la qualité. À la solde en même temps de l'Autriche et de l'Italie, il visait, déclarait-il, à affranchir son pays de la tutelle de l'une et de l'autre. En s'adressant à moi, son thème fut qu'il désirait une étroite entente avec la Serbie, certain qu'il était que l'Autriche ne protégerait en Albanie que les catholiques, sans prendre le moindre souci des musulmans, ses coreligionnaires, ni des orthodoxes.

Les Serbes, selon lui, en vue de fortifier leur résistance à la pression austro-hongroise, seraient, de leur côté, si favorables à cette intime union que, pour la conclure, ils y sacrifieraient volontiers une partie de leurs récentes conquêtes. Je n'avais qu'à approuver ce langage, quoique me doutant bien qu'il le modifiait du tout au tout suivant l'ambassade où il pénétrait.

Le duc de Montpensier est de ceux qui eurent à regretter de lui avoir accordé leur confiance. Il avait pu pénétrer à l'improviste sur son yacht *Mékong* jusqu'à Vallona où Ismaïl Kémal, relégué par ordre de l'Autriche et bloqué par une escadrille grecque, se morfondait. L'arrivée inopinée du prince qui, on ne sait comment, avait obtenu des facilités pour entrer dans ce port, lui inspira aussitôt un plan d'évasion. Le duc de Montpensier, comme plusieurs autres, cherchait des agents qui travailleraient pour lui en Albanie. Le persuader qu'Ismaïl Kémal, s'il recouvrait la liberté de ses mouvements, était l'homme qui lui procurerait l'adhésion de tous les clans du pays, ne fut qu'un jeu. Afin de s'assurer un si précieux concours, l'inexpérimenté prétendant s'empressa de cacher le bey dans son bateau, puis, forçant de nouveau le blocus, retraversa le canal d'Otrante et le débarqua à Brindisi. Mais, dès l'Italie atteinte, disparurent en même temps Ismaïl Kémal et les illusions du prince sur son unique partisan.

Il en est un autre que je regrette de n'avoir pas connu et vu à l'œuvre, Essad Pacha, le plus représentatif des Albanais. En lui s'accusaient, avec une magnifique exagération, les traits caractéristiques de la race et s'épanouissaient avec exubérance les passions d'un dominateur. Il n'en a jamais réprimé la violence, pas plus qu'il ne prenait la peine de masquer ses fautes et ses crimes.

Quand une exacte biographie permettra de mesurer les outrances en tous genres de cette vie brutalement tranchée par un assassinat en plein Paris, on s'apercevra avec un tardif étonnement qu'Essad fut peut-être le plus byronien de nos contemporains. Ce pacha

Sur un mot d'ordre à la presse viennoise, de brigand et rebelle qu'il était la veille, il devint le chef respecté d'une des plus éminentes familles albanaises. N'étaient les traditionnelles rivalités des clans, c'est peut-être même à lui qu'on aurait fini par confier le gouvernement. A cette occasion, je me fis un plaisir de rapporter à Berchtold la remarque d'un de nos agents, à savoir que si le premier détenteur du pouvoir devait selon toute vraisemblance périr victime d'un attentat, mieux voudrait que ce fût Essad succombant ainsi d'une façon tout à fait normale pour un Albanais, plutôt qu'un prince d'une famille royale d'Europe de qui le meurtre provoquerait sans doute des interventions étrangères.

Cette appréciation de triste augure parut affliger l'esprit du ministre ; prévoir des événements contraires à ses souhaits a toujours répugné à son sens politique.

Jusque-là, Essad Pacha, par la hardiesse de ses manœuvres et son absence de scrupules, ne s'était manifesté que comme un homme d'intrigues habile et inquiétant. Mais, dès qu'il détint le pouvoir, il vit clairement qu'à ses deux prétendues protectrices, l'Italie et l'Autriche, l'Albanie ne servirait jamais que de foyer d'agitation et qu'elles l'utiliseraient tour à tour comme prétexte à intervenir dans les Balkans. Pas d'indépendance et par suite pas de souveraineté pour lui avec ces dangereuses tutrices. L'anarchie favorable à ses plans était au comble lorsque éclata la guerre. En septembre 1914, le prince de Wied, pour la seconde fois, s'enfuyait de

Durazzo, et peu après Essad prenait possession de la ville et du pouvoir suprême. — « Dès l'arrivée du pacha, m'a raconté un témoin, un agent autrichien se présenta chez lui qu'il connaissait de longue date, lui baisa la main et, sans autre préambule, lui offrit le rachat de tous ses biens, plus une rente viagère réversible par moitié, après sa mort, sur sa veuve, s'il voulait apporter son concours à la cause de la Triplice. Les sommes à toucher étaient des plus alléchantes. A cette date, les représentants français n'avaient rien proposé à Essad ; la victoire de la Marne, faute de communications télégraphiques, était mal connue à Durazzo, l'agression austro-allemande pouvait se croire assurée du succès final. Mais déjà l'Albanais dans son cœur avait pris parti pour nous. Brusquement il se leva et, reconduisant l'émissaire vers la porte, lui dit : « Adieu, mon ami, nous ne nous reverrons plus ». Aussitôt après, il déclarait officiellement la guerre au Gouvernement de Vienne. Par suite, trois ans durant, les troupes autrichiennes s'acharnèrent sur ses vastes domaines, brûlant ses maisons, rasant ses forêts, détruisant ses troupeaux, sans que, devant ces désastres, ait fléchi sa fidélité pour l'Entente. Lorsque, récemment, il a été tué à Paris par un de ses compatriotes, il attendait encore avec confiance les réparations que lui devaient bien les Puissances amies. »

Il a fait plus. Référons-nous à l'hommage qui lui a été rendu par l'éminent homme d'Etat de Serbie, M. Vesnitch. « Le gouvernement albanais, présidé par Essad Pacha, a observé une conduite non seulement loyale, mais même franchement amicale envers les Alliés dans cette guerre. Il a, de la manière la plus chevaleresque, soutenu et favorisé la pénible retraite à travers l'Albanie du reste des troupes et des réfugiés serbes » (1). Ceci se passait à une époque où le secours attendu de l'Italie ne venait pas, où l'Angleterre se réservait. Essad prodigua son zèle charitable pour sauver les débris de cette armée et de cette nation répandus de Saint-Jean-de-Medua à Vallona sur le littoral de l'Adriatique ; des bateaux français, commandés par l'amiral de Gueydon, réussirent enfin à transporter la totalité de ces malheureux, d'abord à Corfou, puis à Salonique. Sans les généreuses initiatives d'Essad Pacha, notre marine n'aurait pu s'illustrer par un des hauts faits qui l'honorent le plus.

En mars 1914, pendant sa triomphale visite à Vienne, il s'était borné à déposer à l'Ambassade sa carte avec le titre assez illusoire de *Président du Sénat albanais*. Le prince de Wied, par contre, se fit annoncer, et vint m'exprimer son espoir que la France ne refuserait pas son concours financier à l'emprunt international, en faveur du futur gouvernement : vraie démarche de quémandeur à la recherche d'une avance de fonds.

Démesurément long, très mince, l'air débile et mou, peu de cheveux, pas de barbe, la physionomie

---

(1) *Les Aspirations nationales de la Serbie*, p. 17.

sans accent ni virilité, chargé de bijoux, bracelets, chaînettes, bagues nombreuses, il était précisément le contraire du prince aventureux et risque-tout qu'il eût fallu pour conquérir un sceptre en Albanie. Il va s'y faire détrousser et dévaliser ; c'est la première idée qu'on en prenait. J'essayai d'en tirer quelques renseignements sur ses projets : comment comptait-il mettre fin aux troubles intérieurs, aux dissensions ? Sur qui s'appuierait-il pour créer une armée nationale, un corps de gendarmerie, organiser des écoles, le service des postes, construire des chemins de fer, des routes, des ports ? Quels concours s'était-il assurés ? Je lui indiquai qu'une communauté d'intérêts aussi étroite que possible entre l'Albanie et les autres États balkaniques semblait indispensable à l'existence de son hypothétique royaume.

Ces questions et ces points de vue l'avaient peu préoccupé ; ou, du moins, il n'y voyait qu'une seule solution, un prêt considérable à obtenir. Les Puissances se mettraient-elles bientôt d'accord pour le consentir ? A combien de millions en serait fixé le montant ? Timidement, avec embarras et comme confus de son insistance, à cela il ramenait toujours la conversation. Je ne le suivais sur ce terrain que dans la stricte mesure exigée par la courtoisie ; ne croyant pas à l'avenir de l'Albanie et résolument hostile dans ma correspondance à tout apport de capitaux français dans une entreprise aussi mal engagée, je m'en tenais à des réponses très évasives. L'hésitation intellectuelle et physique du prince s'en

nationale, et, à l'heure qu'il est, le vote n'a pas encore commencé. — Pourtant, reprit le prince sur un ton d'irréfutable assurance, le résultat est connu, et c'est M. Pams qui est élu. Je vous en fais mon compliment, car on le proclame un homme très remarquable. »

Je me bornai à répondre que, si même le choix était autre, mon pays n'aurait encore qu'à s'en louer, le concurrent de M. Pams se recommandant par des qualités pour le moins aussi éminentes.

Tandis que cet archiduc passait pour le mieux renseigné, un autre était renommé à plus juste titre pour son faste et sa belle tournure : jamais peintre militaire n'a rêvé un aussi fulgurant hussard que l'archiduc Eugène. Sa popularité était fondée sur l'admiration qu'il inspirait aux Viennoises et aux dames d'Innsbruck, où il a longtemps gardé la frontière du côté de l'Italie. Il excellait dans cette fonction pendant le temps de paix. Son prestige n'a disparu qu'à l'épreuve de la guerre.

Parmi les spécimens qu'ils offraient des diverses formes de la médiocrité, quelques-uns de ces Habsbourg n'en révélaient pas moins de très estimables qualités. C'est d'eux seulement que je veux me souvenir, maintenant que tous sont également déchus et malheureux ; entre tous, et en premier, de l'archiduc Régnier.

Je crus n'y voir qu'un prince, et j'y rencontre un homme, aurai-je pu me dire de cet aimable vieillard. Son bon sens et sa modération avaient été appréciés dans toutes les hautes charges dont il fut investi. Mais quelques tendances vaguement libérales lui valaient d'être un peu suspect, quoique respecté, comme serait un prêtre vénérable soupçonné de modernisme. Astreint par son grand âge à beaucoup de ménagements, il n'accordait que rarement des audiences. Quand il me reçut, il parla en termes obligeants de différents séjours faits en France et, très affectueusement, du prince Victor-Napoléon, dont sa femme, de la maison de Savoie, était la tante. J'avais connu le prince à Bruxelles ; mes souvenirs me servirent à répondre aux nombreuses questions du vieil oncle. L'effort qu'il fit ce jour-là, pour m'accueillir ainsi que plusieurs autres personnes, lui fut fatal. Il prit froid et mourut dans la quinzaine.

L'archiduchesse Marie-Josèphe, dans son palais d'Augarten, menait une existence plus active et utile que celle de la plupart des autres princesses. Grande et robuste Saxonne, elle s'occupait d'œuvres charitables, s'intéressait au développement et à la diffusion des arts régionaux, patronnait des associations féminines. Son mariage avec l'abominable Othon avait été un outrageant martyre : elle s'appliquait à préserver ses deux fils des horribles tares paternelles. Le plus jeune, Max, passait pour le mieux doué. L'aîné, qui est l'empereur Charles, a pour le moins de belles qualités morales. S'il n'a pas fait admirer son énergie et sa décision, ce qu'il faut lui accorder, c'est de la sympathie pour ses bienfaisantes intentions et de la compassion pour les terribles épreuves dont son court règne fut assailli. On se plairait à lui faire honneur de ces épithètes par lesquelles Saint-Simon a dépeint le duc de Bourgogne... « un prince affable, doux, humain, modéré, patient, modeste et, autant et quelquefois au delà de ce que son état pouvait comporter, humble et austère pour soi ». L'infortune a dû le mûrir et le tremper. Il n'a encore révélé que les vertus d'un Louis XVI ou d'un Nicolas II : peut-être fera-t-il connaître plus tard d'autres mérites plus nécessaires à l'exercice de la souveraineté.

Quand, avec la toute jeune archiduchesse Zita, il nous donna audience, il résidait dans un ancien petit château de la banlieue où tous deux vivaient très bourgeoisement heureux. Il se réjouissait de ce que l'empereur leur eût concédé cette demeure, après l'avoir fait remettre à neuf. « On n'a pas seulement renouvelé les tentures, remarquait en riant la princesse, il était essentiel de consolider aussi la maison. Impossible de changer un meuble de place, sans risquer de faire effondrer le plancher ». Toute la conversation se maintint sur ce ton, celui d'un jeune ménage se complaisant dans les joies d'une première installation, lui plutôt effacé, elle détenant, semblait-il, l'initiative et la volonté. Nous les avons retrouvés dans la suite, en villégiature à Reichenau, toujours aussi simples dans leurs allures, tout occupés de leurs premiers nés et répandant autour d'eux des témoignages de leur bon cœur. Je n'en citerai qu'un. Près de ce village blotti au flanc des Alpes styriennes, était venu mourir un vieux professeur de français : l'archiduc Charles avait été son élève, et l'archiduchesse Marie-Josèphe l'avait longtemps gardé près d'elle comme lecteur. Non seulement le jeune prince et sa femme entourèrent de soins affectueux les derniers jours du vieillard, mais ils réglèrent ses obsèques et y présidèrent, remplaçant la famille qui faisait défaut. Je voulus remercier l'archiduc de sa touchante sollicitude pour mon compatriote : il m'interrompit aussitôt. « Mais pensez donc qu'il était un ami de ma mère, que je l'avais eu pour professeur. Comment n'aurais-je pas fait cela pour lui ? »

Après celle de l'Empereur, la première audience que j'eusse sollicitée en avait été une de l'archiduc héritier, en n'ayant garde d'omettre que ma femme et moi espérions être admis en même temps à saluer Mme la duchesse de Hohenberg. La réponse fut que le prince était presque toujours absent de Vienne, mais qu'il saisirait l'occasion qui viendrait à s'offrir, d'entrer en rapports avec moi. Quelques mois plus tard, un officieux me fit savoir qu'il avait entendu l'archiduc regretter que je n'eusse pas encore demandé à être reçu par lui. L'avis semblait donné de bonne foi. Afin qu'il ne subsistât aucun malentendu, je consentis donc à réitérer ma demande : et la nouvelle réponse fut identique à la première. Etait-ce par un effet de son ardeur réactionnaire, absolutiste et ultramontaine qu'il tenait ainsi à distance le représentant d'un gouvernement républicain ? Je n'avais pas de moyen de m'en informer. On évitait de parler de ce prince fantasque ; il ne se faisait connaître que par ses antipathies, et son éventuel avènement au pouvoir était comme une menace pour presque tous les hauts fonctionnaires de l'État ou de la Cour. C'est seulement un an et demi après mon arrivée, le 1er janvier 1914, pendant que la colonie française m'apportait ses vœux, que le grand maître de la Cour de l'archiduc demanda à me parler d'urgence. Il venait m'informer du désir qu'avaient le prince et la duchesse de Hohenberg de nous recevoir, ma femme et moi, dès le lendemain, au palais du Belvédère : en s'acquittant de cette mission, le baron de Rumerskirch s'excusait de la brièveté du délai et paraissait assez gêné d'avoir à réparer une choquante omission de son maître. Je ne lui laissai pas ignorer que j'en avais été pour le moins étonné, mais j'acceptai de me rendre à la convocation.

L'audience, très courtoise, dépassa encore en insignifiance ce que j'en pouvais attendre. François-Ferdinand d'Autriche-Este, de haute prestance, le visage plein, les traits réguliers, avec de très beaux yeux, qui ne donnaient pourtant l'impression ni d'une vive intelligence ni de la bonté, était indiscutablement un personnage décoratif : au point de vue plastique, il eût été un souverain parfait. La duchesse de Hohenberg, par contre, ne répondait en rien à l'idée qu'on se ferait d'une femme épousée d'une façon romanesque, en dépit de la raison d'Etat ; au lieu d'une beauté troublante, fatale, fascinatrice ou d'une physionomie tout au moins énigmatique et mystérieuse, cette représentante de l'aristocratie tchèque paraissait être simplement une solide et un peu massive Allemande à la figure ronde, au regard sans éclat ni malice, pareille à des centaines de ces respectables institutrices à qui l'on confie l'éducation des enfants ou la direction d'un personnel domestique. Quel charme ensorcelant l'archiduc avait-il découvert chez cette demoiselle d'honneur en service chez l'archiduchesse Isabelle ? Par quoi a-t-elle mérité que, pour l'associer à sa vie, il bouleversât les règles de l'hérédité dans la dynastie ?

Entre la somptuosité des salons du Belvédère et la mesquinerie de l'accueil qui nous y fut fait, le contraste était frappant : la conversation se traîna à travers des lieux-communs qui parvenaient difficilement à la défrayer, la santé, le climat, le nombre d'enfants, l'agrément qu'offre le séjour à Vienne ou dans les villégiatures d'alentour. Des provinciaux à leur première rencontre ne seraient pas plus ternes et insipides. Le prince maniait sans aisance la langue française, mais ne semblait pas désirer parler en allemand. La duchesse, avec plus de facilité pour s'exprimer, n'en remuait pas plus d'idées.

On racontait que, dans le tête-à-tête, cet auguste couple s'appliquait à éplucher les comptes de ménage, à rabattre ce qu'il jugeait excessif dans la dépense. Un chef de cuisine avait inspiré des soupçons et reçu des admonestations. « Si vous ne majoriez pas les notes des fournisseurs, lui aurait dit la duchesse, comment pourriez-vous payer le chapeau neuf que j'ai vu à votre fille, l'autre jour, à l'église ? » Tout Vienne a ri de cette remarque.

Le présomptif était également réputé pour son étroite bigoterie. Un publiciste en renom avait été convié au château de Konopitch ; c'était une attention suggérée au prince afin qu'il n'eût pas trop l'air de se désintéresser du mouvement littéraire. On aurait voulu qu'il se souvînt de son ancêtre Rodolphe de Habsbourg détachant de son cou une chaîne d'or pour en orner un poète célèbre. L'écrivain, arrivé très tard dans la soirée, fut conduit directement à sa chambre. Le domestique qui l'y avait installé dit en se retirant : « La messe qu'entendra demain matin son Altesse Impériale et Royale sera dite à 6 heures ». N'ayant à célébrer ni fête ni dimanche, l'invité ne se sentait pas tenu d'y assister. Dès l'aube, on frappe à sa porte. « La messe est dans une demi-heure ». Il reprend en maugréant son sommeil interrompu. Mais il n'avait pas encore quitté son lit qu'un nouvel émissaire lui apprenait qu'un train pour Vienne partait peu après et que déjà une voiture pour le ramener à la gare l'attendait.

Ces historiettes, dont on ne saurait garantir l'authenticité, n'ont rien d'invraisemblable. Ce qui surprenait davantage, c'était la persistance à représenter l'archiduc comme atteint d'une maladie cérébrale, avec crises de fureur et de folie meurtrière.

Son plaisir était-il vraiment de massacrer des cerfs et des daims dans un parc clos ? A-t-il tué un de ses gardes-chasse ? L'entourait-on d'infirmiers déguisés en laquais et toujours prêts à le revêtir d'une camisole de force ? Nombre d'Autrichiens qui passaient pour bien renseignés l'affirmaient. M. Wickham Steed, après avoir mené une enquête très serrée, s'est abstenu de conclure, mais il a recueilli, entre autres bizarreries inquiétantes, celle-ci. Un avocat de Brünn, mandé au château pour une consultation, s'était trouvé en présence de l'archiduc assis par terre, dans un salon, et jouant avec ses enfants. « Asseyez-vous là », commanda-t-il en indiquant le plancher. L'autre hésitait. « Asseyez-vous, ai-je dit », vociféra-t-il. Et comme l'avocat interdit ne savait que faire, le prince, d'un bond, fut debout pour se jeter sur lui.

Pendant le quart d'heure de l'audience et dans deux ou trois autres circonstances où je l'ai vu, il m'a paru être un homme vigoureux, sans aucune apparence de troubles nerveux et qui ne semblait pas s'être soumis à des excès de travaux intellectuels. Se ressentait-il d'accidents fâcheux de sa jeunesse, et avait-il des accès morbides de frénésie qui nécessitaient de longues claustrations à la campagne et ne permettaient de courtes présences à Vienne que durant les périodes où des manifestations dangereuses n'étaient pas à craindre ? Ou était-il atteint d'une maladie tuberculeuse dont les progrès auraient été enrayés, sans que les germes en fussent détruits, et devait-il s'entourer de soins incompatibles avec les devoirs habituels d'un souverain ? Isolé dans son domaine de Bohême ou dans quelque villégiature hivernale, peut-être se dérobait-il aux réceptions, au travail assidu, aux fatigues du pouvoir, afin d'atteindre au rang suprême et, après une immédiate abdication, d'en conserver les titres et un considérable accroissement de richesses. Hypothèses variées entre lesquelles se divisait l'opinion.

Une mort soudaine et tragique n'a pourtant pas rendu à jamais impénétrable le mystère de cette étrange existence. Je ne crois pas, d'ailleurs, qu'elle en recélât autant qu'on se plaît à le supposer. Sur les misères physiologiques, le secret ne sera pas toujours gardé : les médecins, les gens de l'entourage intime en viendront à parler, à révéler ce qu'ils ont pu observer. On finira par savoir quelles étaient la nature et la gravité du mal et dans quelle mesure les facultés mentales ont pu en être affectées. Il deviendra possible d'apprécier si l'héritier était de force à concevoir des plans politiques, à poursuivre avec continuité des projets longuement mûris, à tenir toute préparée, dans son cerveau, une complète réorganisation de ses futurs États.

C'est improbable. On a dû lui attribuer plus de combinaisons qu'il n'en imagina. Que de gens trouvaient avantage à le dépeindre comme un sphinx redoutable devant anéantir ceux à qui ses énigmes seraient incompréhensibles ! Des ambitieux, d'opinions et d'aspirations très différentes, se servaient de lui pour effrayer leurs adversaires, faire prévoir des disgrâces et des ruines d'influence, ou encore s'attirer des complicités parmi des fonctionnaires et des officiers acquis d'avance à n'importe quelles réformes dont ils pourraient espérer de l'avancement.

Tout autant que son oncle François-Joseph indifférent par sénilité, François-Ferdinand, enfoui dans sa retraite, devait ignorer ce qui se tramait en son nom. Son genre d'intelligence, à ce qu'on en pouvait deviner, était tournée surtout vers la méfiance et les haines ; disposition très favorable pour les intrigants qui jouaient de lui avec audace et impudence, comme d'un impérial croque-mitaine.

Que d'autres lui attribuassent des idées qu'ils comptaient lui suggérer, cela n'exclut pas qu'il n'en gardât personnellement quelques-unes en réserve pour les imposer dès après son avènement ; une extension, par exemple, des pouvoirs du clergé, de même qu'une répartition nouvelle de ses Etats qui eût satisfait à la fois ses ambitions paternelles et ses animosités. Avec la monarchie trialiste qu'il voulait, disait-on, substituer au dualisme, quel coup double c'eût été de mortifier cruellement les Hongrois qu'il détestait en rognant leur royaume de ce que la défaite vient d'en enlever, et de préparer pour ses fils, à défaut du diadème impérial, d'autres couronnes ou, tout au moins, des vice-royautés !

Sa femme, par sa patience à améliorer lentement son rang, a montré de quoi elle était capable ; elle le dominait et calculait déjà, sans doute, ce qu'il lui resterait à en obtenir pour elle, pour leurs enfants, pour les Tchèques, ses compatriotes, quand il serait Empereur. Mais de quelle ampleur ou de quelle générosité auraient été les vues politiques de cette méticuleuse ménagère ? Peu d'espoir que, sur ce point, soient divulguées des confidences ou publiées des correspondances intimes. La duchesse de Hohen-berg ne devait livrer à personne le secret de ses visées, si toutefois elles dépassaient les horizons restreints du plus méthodique réalisme.

L'archiduc supportait mal, d'ailleurs, qu'on le soupçonnât d'être soumis à l'influence de sa morga-natique épouse. En janvier 1913, deux journaux français d'un mince crédit publièrent des articles où l'on plaisantait sur ce que, n'arrivant pas à prendre le commandement de sa femme, il réclamait, pour s'en dédommager, celui de l'armée. Il était qualifié de *général* Chotek (nom de la duchesse). On préten-dait aussi qu'un nonce l'aurait signalé au Vatican « comme un bien digne prince de qui les sentiments de famille sont très touchants ; il pense tout le temps à l'enterrement de son oncle ». Ces plates niaiseries n'auraient pas mérité qu'on s'y arrêtât ; néanmoins, par une lettre, solennellement signée du colonel Bardolff, « aide de camp et chef de la chan-cellerie militaire de Son Altesse Impériale et Royale Monseigneur le général de cavalerie et Amiral Archi-duc François-Ferdinand », je fus prié d'attirer l'attention de mon gouvernement sur d'aussi graves irrévérences. Elles n'étaient pas plus injurieuses que spirituelles. Laborieusement écrites par une plume qu'on pouvait deviner étrangère, elles n'avaient paru blessantes que parce que vraisemblablement elles émanaient de l'entourage même du prince. Nos tribunaux n'auraient pas trouvé matière à poursuites. Je tâchai de faire comprendre au colonel Randolff que la législation française ne protégeait pas les détenteurs du pouvoir contre ces petits désagréments, et que les familles souveraines ne pouvaient demander d'être mieux traitées en France que le Président même de la République. L'affaire en resta là.

III

Quoique très différents d'âge, de goûts et d'allures, M. Nicolas de Giers, ambassadeur de Russie, et le comte Berchtold, après diverses rencontres au cours de leur carrière, avaient pris l'un pour l'autre une sympathie si vive qu'ils en étaient gênés pour discuter entre eux des questions irritantes. « J'ai tant d'amitié pour Giers, me disait le ministre autrichien, que je ne peux pas me décider à lui communiquer des choses désagréables ». A ce compte, les affaires de police et d'espionnage mirent souvent à l'épreuve sa sensibilité. De part et d'autre, elles étaient incessantes, et les protestations contre les arrestations arbitraires et les expulsions s'échangaient de jour en jour.

Un des plus retentissants esclandres fut provoqué par la trahison des frères Jandritch, officiers d'origine bosniaque que l'Etat-major général employait inconsidérément à des travaux très secrets. Ils offrirent à l'attaché militaire russe, le colonel Z., dont ils étaient les commensaux habituels, de lui livrer un dossier. Celui-ci, à ce que disait M. de Giers, aurait refusé d'en prendre connaissance, mais consenti à l'envoyer à Pétersbourg par un courrier spécial. Quatre jours après, les papiers étaient rapportés, avec ordre de verser 3o.ooo francs aux auteurs de la communication.

Bien munis d'argent, comme des gens coutumiers de ces sortes d'opérations, les deux lieutenants Jandritch attirèrent l'attention par l'excès de leurs dépenses. Ils furent surveillés, interrogés, contraints d'avouer. Le scandale s'accrut de ce qu'un de leurs compagnons de plaisir était fils de la personnalité militaire la plus en vue de la monarchie. Vainement, les coupables essayèrent d'alléguer que leurs plans partiels de mobilisation et leurs croquis de fortifications avaient été fabriqués dans le but de tromper le gouvernement russe. Le départ clandestin du colonel Z. acheva de les confondre ; ils se virent condamnés l'un à dix-neuf ans et demi de réclusion, l'autre à quatre ans et neuf mois de la même peine. M. de Giers espérait que son attaché militaire serait mis hors de cause. On n'eut aucun égard pour lui ; l'acte d'accusation et le résumé du président du conseil de guerre établirent nettement sa culpabilité, et les pièces du procès furent même communiquées à la presse. Le colonel Z. paya donc pour tous ceux de ses prédécesseurs qui avaient dû, comme lui, quitter Vienne sans prendre congé de personne. Il est vrai que, par contre et depuis peu, deux attachés militaires autrichiens à Pétersbourg avaient été obligés d'abandonner leurs fonctions avec une toute pareille précipitation. Une réciprocité aussi exacte dans les mauvais procédés n'aurait-elle pas dû inspirer plus d'indulgence à chacun et faire regarder ces incidents comme presque normaux et toujours à prévoir dans les relations des deux empires ?

Un autre colonel russe, le baron de W., venu en remplacement, s'astreignit à une si correcte réserve qu'il ne put rien observer du conflit prêt à éclater. Désespéré, le malheureux se suicida dès le début de la guerre.

On donnerait une idée incomplète du malaise et de l'émoi répandus dans le monde officiel de Vienne par ces affaires d'espionnage et de trahison, si l'on omettait celle du colonel Riedl. Elle mit au comble le trouble parmi les autorités militaires. Moins d'un mois après la comparution en conseil de guerre des frères Jandritch, l'ancien chef de l'*Evidenz Bureau* ou service des renseignements se tuait d'une balle dans la tête. Neurasthénie, excès de travail d'un officier supérieur exceptionnellement brillant, déclaraient à l'unanimité les journaux. Puis, peu à peu, on apprenait de quelle nature étaient les travaux et les excès du suicidé. Lors de complications assez récentes, il avait été remarqué que, sitôt un projet élaboré par l'Etat-major de l'armée et avant tout commencement d'exécution, étaient prises en Russie des mesures destinées à paralyser les plans de l'Autriche. D'où provenaient les fuites ? Les recherches, à la stupéfaction de tous, aboutirent au colonel Riedl. On se souvint qu'il avait fait, du temps qu'il était lieutenant, un séjour au Caucase pour apprendre la langue russe. Il s'y était lié avec des officiers perdus de mœurs et en avait conservé le goût de débauches très coûteuses. D'où des dettes énormes dont il ne se libérait que par des divulgations grassement rétribuées. Pour compliquer de ridicule cette déshonorante histoire, le traître, investi de toute la confiance du général Conrad de Hœtzendorf, avait été chargé, pendant quatorze ans, de la direction du contre-espionnage ! Devant l'impossibilité de le juger sans condamner implicitement ses chefs, on décida qu'il se supprimerait de lui-même. Il fut attiré de sa garnison de Prague à Vienne, enfermé dans la chambre d'un hôtel avec un revolver chargé sur la table et surveillé par quatre officiers qui s'installèrent dans la pièce voisine. Une nuit se passa dans l'attente ; à l'aube, une détonation apprit enfin qu'il s'était fait justice. Quelques dénégations maladroites ne purent être maintenues. Le ministre de la guerre se vit bientôt réduit à convenir que l'Etat-major s'était laissé duper avec une inconcevable naïveté. Si léger et indifférent qu'il soit, le public viennois ne s'en tint pas, cette fois, à la gouaillerie : il se montra inquiet et nerveux. Le *Simplicissimus* avait publié, sur l'armée autrichienne, un dessin où le soldat est représenté avec une tête de lion, l'officier avec une tête d'âne, et où le général n'a pas la moindre tête. Le sourire que provoquait cette plaisanterie n'allait pas sans tristesse.

Vers le même temps, une autre affaire également désagréable, quoique moins tragique, infligeait encore à l'amour-propre autrichien des mortifications pénibles. Aux Affaires étrangères fonctionnait un service de la presse, dénommé *bureau littéraire*, que dirigeait un agent particulièrement actif, audacieux, dévoré d'ambition. M. Kania, hongrois de nationalité, comme tel très hostile aux Slaves, était de ceux qui poussaient de toute leur force à la guerre contre les Serbes. Si les prétextes manquaient, il se chargeait d'en créer. Sa situation lui rendait la besogne facile. Les journalistes viennois avaient à prendre de lui, chaque jour, le mot d'ordre, et les correspondants des feuilles étrangères venaient assidûment s'approvisionner d'informations dans son cabinet. Il manœuvrait ainsi l'opinion à sa fantaisie ; son influence s'exerçait jusque bien au-delà des frontières de la monarchie. Interprétés par lui, tous les actes du gouvernement de Belgrade étaient commentés avec la plus haineuse perfidie, dénaturés, exploités comme d'impudentes provocations auxquelles il était de la dignité de l'Autriche-Hongrie d'infliger un immédiat châtiment. Le succès des Balkaniques délogeant les Turcs de partout et notamment celui des Serbes qui n'allait à rien moins qu'à reconstituer le grand et puissant royaume de Douchan le Fort, achevèrent de l'exaspérer. Il résolut de frapper un coup décisif. Les consuls autrichiens à Prisrend et à Mitrowitza, MM. Prohaska et de Tahy, surpris par la rapide invasion des armées victorieuses, s'étaient trouvés subitement privés des moyens de correspondre avec Vienne. Puisqu'ils ne donnaient plus de leurs nouvelles, Kania décida aussitôt qu'ils avaient été victimes de la férocité des Serbes ; il raconta les supplices raffinés et les mutilations qu'avaient endurés ces infortunés agents. Aucune atrocité n'avait été épargnée. Des complices bénévoles de l'imaginatif distributeur de renseignements inventaient des détails de plus en plus horrifiants. Les journaux s'excusaient de ce que, par pudeur, ils dussent taire ce qu'ils savaient de ces abominations. On osait à peine y faire allusion devant les dames. Révélations et réticences eurent pour effet de provoquer l'indignation générale ; les Serbes furent classés au dernier rang de la sauvagerie.

Par malheur pour les combinaisons de Kania, tout à coup reparut le consul Prohaska, intact et en parfaite santé. Gardé à vue par les vainqueurs dans sa résidence, il ne se doutait pas que, depuis plusieurs semaines, le monde entier s'apitoyait sur son martyre. En réalité, on ne lui avait retranché que les communications avec le dehors. Sa sincérité le pressait de démentir énergiquement les bruits répandus. Au surplus, nombre de gens l'avaient déjà revu. Tout ce que put faire le Ballplatz pour remédier à cette intempestive résurrection fut de lui prescrire le silence et de l'envoyer se cacher loin de Vienne. De même pour son collègue de Mitrowitza qui, rendu à la liberté, commençait à se louer trop haut de l'humanité des Serbes. La suite de leur carrière a dû se ressentir de ce qu'ils n'aient pas su se faire massacrer au moment opportun.

Maintes fois le ministre avait eu à se plaindre des manigances belliqueuses de Kania. Ce dernier coup désastreusement raté l'impatienta d'autant plus qu'il recevait des félicitations narquoises sur l'heureux retour des deux consuls. En homme de tenue, il lui déplaisait d'être soupçonné de connivence. Aussi croyait-on certaine la disgrâce du compromettant chef du bureau littéraire. Mais le parti serbophobe regimba et contraignit Berchtold à récompenser celui qu'il voulait punir. M. Kania se vit promu ministre plénipotentiaire, et son adjoint, le chevalier de Montlong, décoré d'un ordre supérieur à ce que comportait son grade. « *Volens quo nollem perveneram* » ; en voulant, j'allais où je ne voulais pas. Cet aveu de Saint Augustin, le comte Berchtold aurait pu le prendre pour devise. L'incident valait d'être rappelé pour montrer qu'en toutes circonstances les subordonnés tenaient en échec leur chef et le réduisaient à n'user de son pouvoir qu'à l'inverse de ses intentions.

Vis-à-vis d'une opinion publique à ce point trompée et déchaînée, la situation du représentant de la Serbie à Vienne était des plus pénibles. Pendant de longues années, moyennant une attitude affacée, avait su s'y maintenir M. Simitch, homme d'âge, d'une parfaite distinction, allié à la famille Karageorgevitch. A la fin de décembre 1912, il fut remplacé par M. Jovanovitch, de quarante ans à peine, ancien consul à Uskub, et qui s'était fait apprécier à Belgrade comme secrétaire général des Affaires étrangères. Avec une chevelure touffue et rebelle, des yeux sombres, une moustache noire lui barrant le visage, le nouvel arrivant était d'apparence moins rassurante que son vénérable prédécesseur. On ne se fit pas faute à Vienne d'affirmer qu'il avait fomenté des troubles en 1908 contre l'annexion de la Bosnie et de l'Herzégovine et même commandé des bandes de *comitadjis*. Quelques entretiens avec lui m'eurent bientôt convaincu que ses sentiments différaient complètement de son aspect. Instruit, d'un jugement droit, modéré et raisonnable dans ses ambitions patriotiques, d'une rigoureuse véracité et profondément conscient des difficultés de sa tâche, il se présentait à l'heure où sa nation triomphait et n'en restait pas moins modeste, peut-être trop, car on se dispensa d'égards envers lui. Se sentant épié et dénigré dans le monde officiel, négligé par des collègues peu portés à se compromettre même pour une juste cause, il se montrait fort reconnaissant d'être bien accueilli chez moi. De ce que je fisse état de ses déclarations, le comte Berchtold s'étonnait et m'en plaisantait comme d'une originalité. « Qui donc a jamais cru à la parole d'un Serbe ? » ai-je entendu s'exclamer très sincèrement l'archiduchesse Maria-Josepha.

« Le Cabinet de Vienne, observait avec un esprit judicieux M. Jovanovitch, redoute l'attraction que notre petit royaume agrandi exercera sur les 7 millions de Serbes encore sujets de l'Autriche et de la Hongrie. Mais, au lieu de rendre supportable sa souveraineté, plus il craint que ces ressortissants ne lui échappent, plus il les comprime par les mêmes méthodes de rigueur et d'arbitraire qui lui ont jadis fait perdre la Lombardie et la Vénétie. L'endurance et la patience des Serbes de Bosnie, de Slavonie, de Croatie seront pourtant moindres maintenant qu'ils savent affranchis leurs frères de l'empire ottoman... Mon gouvernement pas plus que les comitadjis ne cherchent à provoquer des troubles hors du royaume. Mais que des gens de Bosnie rentrés chez eux après avoir pris librement part à la guerre libératrice exaltent par leurs récits le désir d'émancipation chez les leurs, sont-ce les autorités royales, en Serbie, qu'on peut en rendre responsables ? »

Nombre de fois j'ai tenté de commenter pour le personnel du Ballplatz, avec toutes les atténuations utiles, des appréciations de cette sorte : elles avaient été formulées par Jovanovitch, cela suffisait pour qu'on n'en voulût rien croire. Sûrement les Serbes n'étaient pas tous d'une aussi candide innocence que l'agneau de la fable ; mais le loup, dans sa manière de discuter, ne montrait pas plus de parti pris et d'insolence que la chancellerie impériale envers le gouvernement de Belgrade. Ses prétendus « intérêts vitaux » dans les Balkans, elle ne les concevait que du seul point de vue de l'écrasement de la Serbie. Ce *delenda Carthago* résumait toute sa politique : comme dans le cerveau sénile de Caton, c'était tout ce qui tenait dans celui de l'Autriche. Mon infortuné collègue le savait bien : c'est pourquoi il se réjouissait si timidement de l'avance victorieuse de ses compatriotes, leurs conquêtes n'étant que précaires tant que la vieille monarchie ne serait pas définitivement réduite à s'y résigner.

En France, même parmi les plus avertis, nul ne mesurait la violence de cette animosité. A quel point fallait-il que Francis Charmes fût abusé par sa naturelle bienveillance pour avoir écrit pendant la poussée des Serbes vers Durazzo : « Si même elle n'avait pas à craindre le soulèvement contre elle de tous les pays balkaniques enivrés de leur victoire, il y aurait de la part de l'Autriche quelque chose *qui révolterait sa propre générosité* et étonnerait celle du monde, si elle arrêtait la Serbie dans son essor légitime (1) ». Or, c'est précisément pour s'être acharnée à dépouiller les Serbes *per fas et nefas* de ce qu'ils venaient de conquérir que le cabinet de Vienne fit éclater la deuxième guerre balkanique.

L'odieux de l'avoir provoquée par une attaque de la plus déloyale brusquerie est à la charge de Ferdinand de Bulgarie ; mais l'histoire saura démêler que les véritables responsabilités retombent toutes sur l'Autriche. Jusqu'alors, trompée dans ses calculs, déçue dans ses espoirs, elle avait mal supporté ces revers de fortune, en mauvaise joueuse, rien de plus ; tandis que, dans la nouvelle phase de la partie, elle entreprit sournoisement de corriger la chance.

Imposer à la conférence de Londres de créer la principauté d'Albanie, c'était jeter un nouvel élément de discorde parmi les conquérants, alliés

____

(1) *Revue des Deux Mondes*, Chron. polit., 15 nov. 1912.

de la veille, mais toujours divisés par des haines ataviques. Unis un moment pour secouer le joug turc, ils se retrouvaient, devant les dépouilles à partager, tout prêts à s'entredévorer. Et voilà que pour aggraver un imminent conflit, Serbes et Grecs se voyaient frustrés des seules contrées qui les eussent dédommagés.

Entre ces races violentes et brutales, exaspérées par des rivalités séculaires, la bulgare est, sans contredit, la plus hargneuse. Or, l'Autriche avait si perfidement agencé ses machinations que des Bulgares seuls aurait dépendu un arrangement. Avec ces descendants des Scythes, quelle équitable transaction espérer ? La joie qu'ils éprouvaient du mécompte de leurs alliés surpassait encore celle de leurs propres succès : ce sont gens à mieux aimer nuire que jouir. Aussi était-ce, pour le cabinet de Vienne, besogne facile que de leur faire rejeter toute offre d'accord ou d'arbitrage, puis de les lancer sur les récalcitrants.

Afin de supprimer le risque d'une résistance, ils précipitèrent l'attaque (29 juin 1913). Ce jour-là, les diplomates austro-hongrois purent croire que c'en était bien fini des Serbes. L'illusion dura peu : en deux semaines, les troupes bulgares, partout repoussées et poursuivies, reperdaient plus encore que leurs conquêtes. Les Roumains, accourus, on peut le dire, au secours du vainqueur, menaçaient Sofia, tandis que les Turcs, reprenant courage, réoccupaient Andrinople.

En vain la Bulgarie réclama-t-elle, cette fois, la médiation russe : ses adversaires entendaient la soumettre à la loi du plus fort. Encore les sacrifices à consentir, dictés à Bucarest, ne furent-ils pas des plus rigoureux. Mais les accroissements de territoire et de population de la Serbie, à qui pourtant restait refusée la percée jusqu'à l'Adriatique, rendaient incurables les ressentiments autant à Vienne qu'à Sofia : c'est de ce besoin de vengeance qu'allaient sortir les prétextes guettés par l'Allemagne pour étendre la guerre à toute l'Europe.

Plus étaient évidents les funestes effets de sa politique, et plus la monarchie dualiste s'entêtait à y sacrifier ses intérêts et ses alliances. La Roumanie s'était détournée d'elle ; l'Allemagne, devant l'échec de la combinaison, affectait de la désavouer, l'Italie observait une réserve significative, la Grèce, sauf son roi, lui devenait nettement hostile, les Slaves de l'Empire entre deux frères ennemis reniaient les Bulgares et se prononçaient pour les Serbes. Rien ne prévalait contre le dépit de voir le petit Etat abhorré se tirer, consolidé, d'une crise où les gouvernants de Vienne et de Budapest avaient décidé par deux fois qu'il devait sombrer. *Quos perdere vult Jupiter dementat.* Que l'on excuse la citation ; en la circonstance, elle s'impose.

A qui mieux aussi qu'aux Autrichiens s'appliquent ces lignes de Chateaubriand sur les chefs des trop anciennes monarchies ? « Le malheur ne leur apprend rien : l'adversité n'est qu'une plébéienne grossière qui leur manque de respect, et les catastrophes ne sont pour eux que des insolences » (1).

Si cette déconvenue choqua les Viennois, elle n'entama nullement leur insouciance. Que les ministres de l'empereur fussent déçus dans leurs calculs, c'était pour le public une occasion toujours attendue de s'égayer et de railler drôlement.

Dans le personnel gouvernemental, le mécompte et la persistante idée de revanche étaient masqués avec soin, sous l'optimisme de commande et la réserve pleine de mystère imposée aux fonctionnaires.

Chez Berchtold, la légèreté naturelle aurait suffi. Trop souvent aussi, afin de s'épargner l'ennui d'explications et de commentaires sur des situations embarrassantes, il prenait le parti de nier, sans aucun souci des démentis qu'il devait ensuite s'infliger à lui-même. Ainsi, dans le moment où l'attention était absorbée par le siège de Scutari, aux premiers jours d'avril 1913, il affirmait à mon collègue russe et à moi que pas un bâtiment de la flotte impériale n'avait quitté Pola : et le même jour, il chargeait l'ambassadeur à Paris de notifier le départ pour les côtes de Dalmatie de deux divisions navales envoyées devant Antivari. Trois semaines après, Scutari étant livré aux Monténégrins, il déclarait ne rien savoir des intentions du roi Nicolas, à l'heure même où, au parlement de Budapest, le président du Conseil annonçait déjà que la ville était

(1) *Mémoires d'Outre-Tombe*, VI, p. 122.

remise sans condition aux Grandes Puissances. Son indolence lui coûtait le sacrifice de sa sincérité.

Ses collaborateurs ne pouvant s'accorder les mêmes facilités, chacun s'en tirait suivant son tempérament. Le baron Macchio, premier chef de section ou directeur politique, bien servi par une stature imposante et un air olympien, s'enfermait dans sa solennité, scandait ses mots et articulait d'une voix profonde des paroles insignifiantes. Quoiqu'il se surveillât, c'est pourtant de sa bouche que j'ai entendu un curieux aveu. Il s'agissait encore de Scutari dont il se disait certain que les Monténégrins ne s'empareraient jamais : je ne l'en questionnais pas moins sur l'éventualité d'une défaillance dans la défense de la place. Il ne se contint plus. « Ne supposez pas cela, je vous prie. Ce serait l'écroulement de toutes nos combinaisons. »

Comment ne pas noter que la finance viennoise, plus avisée que M. Macchio, ne fut ni surprise, ni déconcertée par l'issue de ce fait de guerre ? Elle se guidait sur les positions prises en Bourse par un banquier opérant pour un royal client. Cet ingénieux souverain spéculait sur des événements dont il réglait la marche à son gré. Il avait joué à la baisse sur une capitulation que ses pourparlers firent retarder jusqu'au complet effondrement des cours. Ensuite, il passa à la hausse de manière à encaisser de nouveaux bénéfices par son tardif acquiescement aux injonctions des Puissances.

Un autre personnage qui occupa avec distinction,

mais pendant trop peu de temps, une haute situation au Ballplatz, est le comte Frédéric Szápáry. Ses talents et son charme personnel le destinaient à un grand rôle. Dans une monarchie aussi aristocratique, sa naissance et son mariage avec une fille du prince de Windisch Grætz, président de la Chambre des Seigneurs, le recommandaient mieux encore que ses mérites. Aussi, quoique très jeune, fut-il nommé ambassadeur à Pétersbourg. Les circonstances ne lui ont pas été favorables ; il a été englouti comme tant d'autres dans la catastrophe, mais pourrait rendre encore des services à sa patrie hongroise, si elle se reconstitue et s'assagit.

Le prestige du nom est resté si prédominant en Autriche qu'à cet homme d'une vraie valeur et pour une mission de cette importance, on avait opposé comme compétiteur un grand seigneur d'un rang très supérieur au sien, mais qui n'avait été qu'un diplomate *ad pompan et ostentationem*, d'une compétence strictement limitée aux questions de sport ; je m'étonnais que l'on pensât à lui confier des fonctions auxquelles il était si peu préparé. « Souvenez-vous, me fut-il répondu, qu'il est devenu chef de famille ». Son titre de prince aurait tenu lieu de tout ce qui lui manquait, si de lui-même il n'avait eu le bon goût de se récuser. L'empereur était un des plus obstinés partisans des prérogatives de la naissance ; aucun mécompte n'a pu altérer sa foi dans la vertu qu'il y attribuait.

Un agent du ministère des Affaires étrangères qui

peut se vanter d'y avoir exercé une influence vraiment prépondérante, le comte Forgásh, en a usé de la façon la plus néfaste. Il est le seul survivant d'un trio dans lequel, près du hongrois Tisza et de l'allemand Tschirschky, il a déployé une activité redoutable. Après les exploits qui l'avaient fait connaître, l'appeler à préparer les nouveaux traités de commerce avec les gouvernements des Balkans, c'était déjà tout un programme. Forgásh venait de se procurer l'oubli nécessaire en gérant pendant quatre ans la légation d'Autriche à Dresde. Mais, auparavant, comme représentant à Belgrade, il avait souillé son nom d'une tache indélébile. C'est l'inventeur des fausses conspirations, des délations mensongères, des documents fabriqués qui ont rendu célèbre le procès d'Agram (1909). Combien de généreux patriotes, coupables seulement d'avoir été suspects à la police autro-hongroise, furent victimes de ses manœuvres ! Les Serbes n'ont pas eu d'adversaire d'une plus éhontée perfidie : chez eux, son nom sera toujours en exécration.

Ce n'est pas sans curiosité que je fis la connaissance de cet autre Laubardemont. Sur un corps grand et vigoureux se dressait une tête au front très bas et d'une laideur spéciale qui résultait, non de difformités quelconques, mais d'un manque total d'harmonie entre les éléments du visage. Ses traits semblaient se refuser à former un ensemble. Pas plus gêné d ce genre de hideur que de son odieux renom, accueillant et expansif, il traitait les questions avec un esprit alerte et hardi ; au lieu des prudentes dérobades en usage parmi ses collègues, il se donnait pleine liberté dans ses exposés, ses aveux, ses confidences. De la bonne humeur, de la gaieté et une sorte de cynisme imitant assez bien la franchise le rendaient sinon sympathique, du moins attrayant. Je l'avais encore peu fréquenté quand, un jour, j'exprimai mon regret de ce que son ministre ne se décidât pas à fournir une réponse depuis longtemps demandée. « Comment vous adressez-vous à Berchtold pour des affaires sérieuses ? dit-il en riant. Venez donc m'en parler ; c'est la seule manière d'aboutir. » Et de vrai, à peine dans la maison, Forgásh en avait accaparé l'entière direction. Sous son impulsion, le belliqueux parti maygar du Ballplatz multiplia les procédés offensants et même tout à fait comminatoires envers les Serbes, malgré les marques incontestables que ceux-ci donnaient de leur désir d'entente. Manifestement, l'activité de Forgásh travaillant à Vienne pour le compte de la Hongrie se tournait toute contre l'application du traité de Bucarest et contre le renforcement des Etats balkaniques. Berchtold, malgré sa crainte des responsabilités et des décisions, aurait été entraîné à agir, si le cabinet de Rome ne se fût mis alors en travers du courant.

M. Jovanovitch était fort ému de cette recrudescence d'hostilité ; l'ingérence violente des Hongrois dans les conseils politiques lui semblait particulièrement inquiétante. Je lui avais signalé un article du comte Jules Andrassy où pour la première fois se rencontrait un jugement équitable sur les rapports avec la Serbie. « Il écrit de cette façon, remarquait-il, parce que, maintenant dans l'opposition, il cherche à créer des embarras à Tisza. Quand il était au pouvoir, sa férocité contre nous égalait celle des autres ».

Que nos plus passionnés adversaires ressentissent cette aversion obstinée de la Serbie, cela aurait suffi à éveillé notre sympathie pour elle si, tout d'abord, le seul sentiment de la justice devant des rigueurs iniques ne nous y eût poussés. Dès 1874, avec une vue singulièrement pénétrante des futurs groupements politiques, Gambetta écrivait à propos du grand patriote serbe Ristitch : « En cet homme qui avait pu discipliner tout un peuple... je pressentais un secret et fier allié pour le jour où il faudra prendre et étreindre le monstre germanique entre les Latins de l'Ouest et les Slaves de l'Est, et l'étouffer dans cette double étreinte. C'est de ce côté qu'il faut jeter les yeux ; c'est sur les confins entre l'Europe et l'Asie qu'il faut aller chercher les compagnons de guerre et de délivrance ». Ces paroles prophétiques étaient déjà vieilles de quarante ans, quand je ne prévoyais pas encore l'imminence d'une lutte où les Slaves s'uniraient aux Latins contre les Teutons, pas plus que la part héroïque qu'y prendraient les Serbes. Mais je sens quelque fierté d'avoir, de toutes mes forces et à toute occasion, soit en écrivant à Paris, soit dans mes entretiens en Autriche, plaidé la cause de cette petite nation si maltraitée.

Ma persistance n'a pas été sans me nuire à Vienne où j'étais à peu près seul à parler ainsi. Elle choquait les Autrichiens pour qui la haine des Serbes allait de pair avec la foi en Dieu et le culte de l'empereur ; parfois elle gênait aussi mes collègues russes.

Aucun d'entre eux ne se souciait d'entrer dans une querelle qui les eût obligés à prendre les armes ; les uns doutant que leur empire pût supporter l'ébranlement d'une guerre, les autres, imbus du principe autocratique, méprisant, sans l'avouer, ces paysans démocrates et radicaux, slaves, il est vrai, mais d'une qualité qui n'engageait pas à se mettre trop en avant pour d'aussi peu flatteurs collatéraux. Sagacité et snobisme finissaient par se confondre dans un même sentiment de réserve, nettement contraire à toute solution belliqueuse.

Une preuve de cette extrême circonspection m'était fournie périodiquement. A peu près tous les six mois, passait par Vienne un ardent, éloquent et aventureux paladin du serbisme, russe notable dans le journalisme et les cercles politiques, et qui s'était donné à tâche de faire connaître ses clients à l'Europe ; il y dépensait sans compter son temps, sa fortune et sa verve. Qu'il vînt de Londres, Rome ou Belgrade, et sous réserve de ce qu'un enthousiasme sans mesure peut suggérer à une imagination débridée, le récit de son apostolat était fort instructif. A chaque voyage, je le recevais avec empressement, au lieu qu'à l'ambassade de son pays la porte ne s'entre-bâillait même pas pour ce compromettant visiteur. Et ce n'était pas seulement par égard pour les susceptibilités des salons viennois. A Pétersbourg, on déclarait ce zèle déplacé et intempestif : c'était être séditieux que de vouloir éclairer le gouvernement du Tsar.

En somme, tout au contraire de ce que l'on supposerait, l'Autriche, si voisine des champs de bataille, si directement exposée aux péripéties de la lutte, était peut-être le pays de l'Europe où se répercutaient le moins les conflits du très proche Orient. Elle aussi, comme l'oiseau dont le nom est dans notre langue presque semblable au sien et provoque même là-bas de fréquentes et faciles plaisanteries, elle croyait que s'arranger pour ne pas voir le danger suffisait à l'écarter. On a très justement appelé Vienne la « Capoue des idées » : c'est qu'elle se plaisait à prolonger contre toute prudence le voluptueux engourdissement qui, sans préserver de la catastrophe, en supprimait l'angoisse. Nulle part on n'aura été autant qu'à Vienne intrépide dans la frivolité.

Parmi les fêtes mondaines qui excitaient vivement la curiosité, la première réception d'un ambassadeur avait ce privilège d'être au nombre des plus attendues. Le *ricevimento*, aboli dans presque toutes les autres capitales, s'était maintenu dans celle de l'Autriche ; par la volonté de l'Empereur, aucune tradition du vieux temps en matière de protocole ne devait être modifiée, à ce point qu'on eut peine à faire admettre à Sa Majesté qu'au lieu des voitures à deux chevaux de ses invités, les automobiles pussent franchir les portes de la Hofburg.

A cette occasion, fictivement, le monde de la Cour apprenait à connaître le nouveau venu à qui la règle était qu'on se fît présenter. En réalité, on s'était rencontré depuis longtemps, surtout quand la cérémonie se trouvait, comme dans mon cas, retardée jusqu'à huit mois de l'arrivée. Force avait été d'attendre la saison où la société est au complet, et, plus encore, qu'il y ait eu moyen de transformer le palais de l'ambassade, désolante construction qui a ridiculisé l'architecture française dans l'esprit sarcastique des Viennois. A l'extérieur, le mal est irrémédiable ; un angle de la pompeuse place Schwarzenberg en est à jamais gâté. C'est dans une symphonie de bâtisses assez banales, mais composant un majestueux ensemble, une note aigrement discordante et volontairement agressive. Il ne m'est pas arrivé de regagner mon domicile, sans qu'à la vue soudaine de cette façade je n'en éprouvasse un véritable malaise. Au dedans, à force de remaniements et en masquant sous des tentures de damas les plus inacceptables parties du décor, il avait été possible heureusement de mettre en valeur de très beaux Gobelins, la série d'Odry, dite des Indes orientales, et des panneaux du XVIIe et du XVIIIe siècles, ornements magnifiques des galeries et des salons. Mais aucun artifice n'aurait pu remédier à l'horreur de la salle dite des fêtes : par une extravagante accumulation de prétendues splendeurs peintes, sculptées, moulées, gaufrées, outrageusement dorées, imitant l'onyx, le porphyre, répandues aux murailles ou plafonnant sous une voûte en berceau, on avait réussi à créer, pour un prix insensé, quelque chose d'effarant. Un empereur Soulouque aurait hésité à y laisser placer son trône. Par égard pour le renom de mon pays, j'ai tenu à ce que ce local restât toujours clos et invisible.

Les autres salons suffisaient à contenir les hôtes du *ricevimento*. Ce fut un très imposant et fastueux défilé de quatre cents personnes. Précédant les hauts dignitaires et les membres de l'aristocratie, avec qui il ne convenait pas qu'il pût être confondu, le prince de Montenuovo, grand maître de la maison impériale et représentant de l'empereur, vint un quart d'heure avant le commencement de la réception : les mêmes honneurs lui étaient rendus qu'au souverain en personne. Attendu dans le vestibule, précédé et escorté par les secrétaires de l'ambassade, il pénétra dans un salon spécial où il fit à ma femme et à moi une visite pour laquelle les moindres détails étaient réglés par un code rigoureux. La bonne grâce et l'affabilité du prince enlevaient à ce cérémonial ce qu'avec tout autre il aurait eu de gênant ou de risible. En ce petit-fils de Marie-Louise, on admirait un spécimen accompli de l'homme de Cour ; plein de dignité et de grandeur, quoique d'une taille moindre que la moyenne, d'une politesse raffinée, s'exprimant avec tant de tac et d'à-propos qu'on lui supposait volontiers une intelligence supérieure. Son aisance en ponti-

douceur de vivre. Ils en ont moins bien retenu les leçons, quand il s'est agi d'affronter le malheur.

Un souper général servi dans les somptueuses argenteries de Louis XVIII et suivi d'un repas plus intime termina la réception. L'intronisation, dès lors, était complète.

Durant l'hiver de 1913, l'élan des fêtes fut un peu arrêté par le complet isolement où l'on confinait l'empereur. Des bronchites tenaces, avec des quintes de toux troublant le sommeil, soumettaient l'auguste vieillard à une épreuve qu'il semblait ne pas pouvoir endurer longtemps. Il se résignait fort mal, d'ailleurs, aux prescriptions de ses médecins et n'admettait pas que ses habitudes en fussent changées. Les docteurs lui recommandaient de prolonger le repos des nuits : comme il s'était toujours levé dès trois heures et demie du matin, il consentit seulement à rester au lit jusqu'à quatre heures. A plusieurs reprises, l'affaiblissement fit craindre l'imminence du dénouement. Le *Fremdenblatt* étant l'unique journal que lût le souverain, on en faisait un tirage spécial à l'usage de sa résidence, avec des bulletins médicaux rédigés pour passer sous les yeux du malade. Ce qui ne signifiait pas que les nouvelles fournies au public fussent entièrement sincères.

L'éveil de ces appréhensions amenait à envisager la transmission des pouvoirs. Aucun précédent ne pouvait servir à résoudre les questions qui se posaient. Ne fallait-il pas remonter jusqu'à 1835 pour trouver un monarque autrichien mort en possession de la dignité impériale ? Le cérémonial tout espagnol des obsèques de François II, chacun l'avouait, eût été difficilement accepté à notre époque.

Conjoncture autrement grave, comment se comporterait l'héritier du trône ? Lorsque l'archiduc eut péri, disparu avant son oncle, j'ai entendu des gens en grand nombre proclamer qu'ils perdaient en lui leur meilleur ami ; mais, tant qu'il a vécu, personne, même parmi les plus dévots fidèles de la dynastie, ne parlait sans tristesse et inquiétude de ce qu'il adviendrait de l'Autriche sous un souverain impopulaire ou détesté dans les diverses parties de la monarchie.

L'hypothèse qui ralliait presque tous les espoirs, c'est que François-Ferdinand, après avoir régulièrement succédé à son oncle, déclarerait sans beaucoup tarder que les soins à accorder à sa santé ne lui permettaient pas d'exercer ses suprêmes fonctions. D'après la Pragmatique Sanction, la couronne de Hongrie ne pouvait lui être attribuée que s'il était empereur ; mais l'épouse du roi de Hongrie, quelle que fût sa naissance, était reconnue reine. Ainsi la duchesse de Hohenberg eût obtenu les privilèges royaux et pris pour toute sa vie le pas sur les princesses de la maison de Habsbourg, ce qui aurait dû suffire à son ambition. Après la prompte abdication que l'on souhaitait, l'ex-empereur et la duchesse de Hohenberg eussent conservé le titre de Majesté avec des prérogatives dont, hors d'Autriche, on a peine à se représenter l'importance qui y est attachée. La situation, s'accordait-on à penser, se serait ainsi trouvée très heureusement simplifiée.

Tant d'incertitudes quant à l'attribution des pouvoirs souverains augmentaient encore celles qui ont entravé de tout temps l'action politique au dehors. Pas la moindre cohérence dans les vues du gouvernement. Son représentant à Pétersbourg, le comte Thurn, croyait servir les intérêts de son pays en ménageant des possibilités d'entente avec la Russie ; par quoi, vraisemblablement, il s'accordait avec les intimes désirs de Berchtold, dont l'âme débonnaire s'effrayait des ravages d'une guerre ; mais à ces velléités pacifiques s'opposait hardiment la fraction violente du ministère. En présence de ces tiraillements, M. de Giers lui-même avouait avec mélancolie qu'il n'osait se fier ni à la sincérité, ni à la fixité des intentions de son débile ami. Afin qu'on ne doutât pas de la faiblesse de son caractère, bientôt Berchtold, débordé, consentit au rappel de Thurn ; concession d'autant moins excusable que le Tsar et M. Sasonoff insistaient pour qu'il restât en fonctions. Avec la promotion du comte Szápáry poussé par le magyarisme, s'affirmaient donc, en même temps, la résolution d'agir avec plus de fermeté à l'encontre de la Russie et la quasi-omnipotence rapidement conquise par Forgásh. Szápáry éloigné, Macchio réduit à néant, Berchtold maté et sans autorité, c'était la place déblayée au profit du pernicieux et prépondérant subalterne.

A ce qui semblait une provocation, le gouvernement russe riposta en remplaçant M. de Giers par l'homme réputé le plus énergique et le plus en faveur entre tous les diplomates de son pays, M. Schebeko. Toutefois ces deux nouveaux ambassadeurs, l'autrichien et le russe, choisis comme combatifs, ne purent ni l'un ni l'autre remplir le rôle auquel ils étaient destinés. Par suite de soucis familiaux, ils parurent peu ou tard aux postes où ils auraient eu à se prodiguer. Le geste menaçant par lequel ils avaient été désignés ne produisit aucun effet.

Au surplus, M. de Giers n'aurait peut-être pas perdu son ambassade sans un incident où rien n'était à lui reprocher. Arrivant de Bavière à Vienne dans une automobile qui n'attirait pas les regards, le grand-duc Michel Alexandrovitch, fils cadet d'Alexandre III, accompagné d'une dame, s'était fait conduire directement à une petite église orthodoxe d'un lointain faubourg ; pour un billet de mille roubles, un pope serbe avait béni l'union de ce couple anonyme, et les époux étaient repartis aussi vite et discrètement qu'ils étaient venus. Le tsar, depuis longtemps opposé à ce mariage de son frère, quand il en apprit la célébration clandestine, s'en montra très irrité. Il s'indigna surtout de ce que son ambassadeur à Vienne n'y eût pas fait obstacle : sa complète ignorance des réalités l'empêchait d'admettre qu'en l'occurrence, la vigilance de M. de Giers ne devait pas être incriminée ; grief bizarre, mais

plus déterminant qu'une grave faute professionnelle.
La disgrâce qui atteignit mon excellent collègue le
mortifia dans sa conscience de fonctionnaire scrupuleux, et désola son loyalisme par cette révélation
que son souverain n'était pas infaillible dans ses
jugements.

Son successeur, nommé en août 1913, ne remit ses
lettres de créance qu'à la fin de décembre ; encore
resta-t-il seulement cinq jours à Vienne, pour ne
revenir d'une façon intermittente que durant la
période la plus aiguë de la crise finale.

C'est sur le conseiller, le prince Nicolas Koudacheff, que porta le poids très lourd de ces longues
gérances. Sa situation était critique. Continuerait-il
à traiter les affaires suivant la méthode conciliante et
lénitive de son précédent chef ? Avait-il à inaugurer
celle, toute contraire, dont on disait que devait s'inspirer M. Schebeko ? Il s'en tira avec un tact, une
droiture, une fermeté qui me rendirent son concours
très précieux et m'ont fait aimer en lui des qualités
inestimables.

En cette même fin d'année, Sir Maurice de Bunsen
prit possession de l'ambassade d'Angleterre. Très
promptement, entre nous, à la confiance réciproque
s'ajoutèrent des sentiments tout à fait affectueux.
D'ailleurs, au cours de tant de missions si honorablement remplies, de qui n'a-t-il pas conquis la sympathie par le charme et la sûreté de son commerce ?
C'est le petit-fils du célèbre théologien et archéologue
allemand, qui, à l'imitation de son maître Niebuhr,

avait greffé une carrière de diplomate sur les études d'un érudit. Ce grand-père s'était marié à une Anglaise de qui il avait eu déjà dix enfants, quand il devint ministre de Prusse à Londres. Il conserva ce poste pendant près de quinze ans, si bien qu'une moitié de sa progéniture, y compris le père de Sir Maurice, adoptèrent la nationalité britannique. Les autres revinrent en Allemagne, ce qui procurait à mon collègue un cousinage fort étendu dans toutes les parties de la Germanie.

Puisque l'entrée en scène de ces nouveaux collègues précéda malheureusement de si peu le dénouement, pourquoi ne pas indiquer, dès maintenant, que dans ce court espace de temps MM. Schebeko et de Bunsen s'affirmèrent comme de déterminés partisans du maintien de la paix ? Tous deux s'y trouvaient portés par leurs vues personnelles sur la nature des intérêts et les possibilités de leurs pays respectifs. Et ce qui les fortifiait encore dans la résolution d'empêcher toute rupture, ce sont certaines considérations d'ordre intime qui leur faisaient souhaiter ardemment à l'un et à l'autre de n'être pas contraints de quitter Vienne. Des contingences de cette sorte ne sont pas insignifiantes lorsqu'elles se combinent avec la fermeté des convictions.

En effet, M\u005cme Schebeko se ressentait à un degré encore inquiétant d'une dangereuse maladie : elle avait à grand'peine rejoint son mari en Autriche afin d'y continuer une lente cure de convalescence. L'obliger à repartir peu après ce premier voyage, paraissait presque impossible. D'autre part, pour Sir Maurice de Bunsen, l'ambassade de Vienne succédant à celle de Madrid formait le couronnement d'une carrière mouvementée ; il avait installé sa femme et ses filles, en ville et à la campagne, dans des conditions qui répondaient à tous les vœux de la famille. Une stabilité, qu'il espérait de longue durée, devait le dédommager de trop d'évolutions à travers des postes lointains.

Si donc le comte Berchtold eût été un homme d'assez d'énergie pour se roidir contre la pression de ses funestes collaborateurs et les injonctions de la chancellerie allemande, sa résistance aurait été soutenue par des appuis certains et solides, puisque Bunsen et Schebeko étaient munis d'instructions leur enjoignant d'écarter, tant qu'ils le pourraient, tout prétexte à conflit. On ne doit pas douter, d'après l'intérêt personnel qu'ils y avaient, du zèle qu'ils mirent à servir ces intentions d'apaisement. « Jusqu'où j'irais pour garantir la paix, me confiait mon collègue russe, je ne voudrais pas le dire tout de suite à Berchtold, parce qu'il en abuserait ».

Mais combien l'âme sans élan ni ardeur de l'Autriche se révélait incapable de toute forte résolution ! Avant d'atteindre à ces heures où, faute d'un effort viril, le gouvernement se laissa rouler dans l'abîme, avec quelle incompréhension du danger il approchait du gouffre !

Dans ce pays dénué de passions, on a du moins la bonne foi de ne pas simuler ce qu'on ne ressent pas, de ne pas se guinder pour se montrer plus grand qu'on n'est. Au Parlement, l'exaltation et le pathétique sont inconnus : dédaigneux des effets déclamatoires, chacun exprime avec naïveté le prosaïsme, la médiocrité de ses sentiments. C'est pourquoi, chez eux, — ils en conviennent — les plus graves événements politiques, réduits à la dimension d'intérêts terre à terre, semblent presque toujours petits et mesquins.

Des hommes de cœur, d'un vrai mérite intellectuel, très avertis des faiblesses de leur nation, ne faisaient pourtant pas défaut ; mais, tenus à l'écart, mal jugés, en défaveur à cause même de leur clairvoyance et de leur franchise, ils se sentaient dépourvus de toute influence.

« On trouve en Autriche beaucoup de choses excellentes, observait déjà en 1808 Mme de Staël, mais peu d'hommes vraiment supérieurs ; car il n'y est pas fort utile de valoir mieux qu'un autre, on n'est pas envié pour cela, mais oublié, ce qui décourage encore plus. »

Je conserverai toujours un souvenir ému d'un ministre des finances, M. de Zaleski, député galicien d'un esprit souple, plein de ressources, ingénieusement conciliant. Afin de combiner un arrangement peut-être irréalisable, avec les représentants français des obligataires des chemins de fer lombards, il épuisa ses forces à ce travail et, miné par la maladie, dut abandonner son ministère, mais non sans avoir conclu un accord à peu près conforme aux vœux de mes compatriotes. Il m'informa gracieusement de ce suprême effort. Mieux encore. A Méran, où il avait été transporté, et vingt-quatre heures avant d'expirer, il put savoir que notre Louvre allait recouvrer la Joconde, si étrangement dérobée. « Mon cher ambassadeur, me fit-il écrire le 17 décembre 1913, c'est vraiment avec une vive satisfaction que je viens d'apprendre que la nation française va rentrer en possession du plus grand trésor de l'art qui lui avait été ravi. Permettez qu'en votre qualité de son digne représentant chez nous, j'en félicite de tout cœur Votre Excellence, en la priant d'agréer l'expression de ma haute considération. » J'étais instruit de sa fin, avant d'avoir reçu ce billet, signé au crayon sur son lit de mort.

Comment ne pas rendre un hommage plus complet encore à un autre Galicien, le comte Goluchowski, presque aussi connu et aimé à Paris qu'à Vienne, qui, pendant onze ans, dirigea avec le tact d'un galant homme la politique étrangère de son pays ? Il a encore ajouté aux mérites de sa carrière par la dignité de sa retraite, par la sagesse un peu attristée de ses conseils à la Chambre des Seigneurs, et, j'en peux témoigner, par la justesse de ses prédictions quand furent prises les irréparables résolutions (1).

Beaucoup d'autres seraient à citer, si j'entreprenais

____

(1) Pendant que ces feuilles étaient à l'impression, le comte Goluchowski a succombé à Lemberg, accablé par le désastre de la monarchie, dont il avait été un des plus brillants et fidèles serviteurs.

de dénombrer ceux de qui j'eus à apprécier l'affabilité, les procédés obligeants, l'accueil cordial, ou tout au moins à constater la magnificence dans les fêtes qu'ils offraient. Les palais Schönburg, Kinsky, Harrach, Lanskoronski, Lobkowitz, les galeries contenant les merveilleuses collections d'art de la famille Rothschild formaient des cadres somptueux pour les réceptions qui recommencèrent pendant la période de rémittence succédant à la phase aiguë des deux premières guerres.

Celle au palais Lobkowitz me fit regretter le temps où l'ambassade de France logeait dans cette belle demeure. C'est dans ces salons que le prince ami de Beethoven donna la première audition de la *Symphonie héroïque*. Depuis lors, des embarras financiers avaient déterminé la famille Lobkowitz à renoncer à sa résidence viennoise, dont le gouvernement français fut locataire durant une quarantaine d'années. La réouverture du palais, brillamment réoccupé par ses propriétaires traditionnels, fut l'occasion d'une solennelle manifestation de sympathie pour cette antique et puissante famille. Avec le jeune prince héritier se continuait la lignée artistique ; grand musicien et merveilleux pianiste, Ferdinand Lobkowitz ne demandait qu'à oublier son rang pour jouer dans des concerts. Etonnée tout d'abord de lire ce nom sur des affiches à côté de celui d'autres virtuoses renommés, son aristocratique parenté s'est résignée à cette nouvelle forme de la célébrité et de la gloire.

C'est loin des bruits de la ville que quelques

fidèles dévots entretenaient le culte d'une idole
d'autrefois qui, maintenant encore, survit à la turbulence de sa renommée, la princesse Pauline de
Metternich. Son temple n'est plus qu'un petit sanc-
tuaire, mais d'un luxe coquet, où elle accueille ses
intimes, veille sur le sort de ses « mots », rappelle
ceux qui firent son succès, les consigne dans des
fragments de *mémoires*. En dehors de sa coterie, on
regrettait qu'elle n'eût pas su renoncer à temps aux
gamineries de son esprit et aux artifices de sa toilette.
Mais tout Vienne rendait hommage à son dévouement pour les œuvres de charité qu'elle patronnait.
Sur ce terrain, son prestige restait intact. A son
appel, les dons affluaient. Lors du cinquième million
ainsi procuré à des établissements d'assistance, furent
célébrées magnifiquement ses bienfaisantes intercess-
sions ; en longs cortèges, des vieillards, des orphelins, des veuves défilèrent devant sa demeure. Ce
jour-là, elle goûta la douceur d'avoir inspiré la recon-
naissance aux malheureux.

***

Trois ans de suite, d'importants meetings d'avia-
tion à l'aérodrome d'Aspern valurent à nos *as*, dont
si peu survivent, de triompher de tous leurs concur-
rents étrangers. Dans un de ces concours, en juin
1913, les Français obtinrent des prix pour une valeur
de 70.100 couronnes, tandis que l'ensemble des aviateurs d'autres nationalités, y compris l'autrichienne,

se partageaient un total de 5o.2oo couronnes, dont 5oo seulement pour les Allemands.

Un prix spécial à gagner dans des conditions qui passaient, à cette époque, pour irréalisables, fut décerné à Perreyon ; avec une charge de 3oo kilogs, il atteignit, en moins de 10 minutes, la hauteur de 2.ooo mètres. Garros, Pégoud, Bathiat, Bregi, Molla furent acclamés. Chevillard, surnommé « le marchand de frissons », exécuta devant François-Joseph quelques invraisemblables acrobaties ; l'une d'elles risquait d'être taxée de lèse-majesté, car, se laissant choir juste au-dessus de la tribune impériale, c'est à 5 mètres seulement du souverain qu'il ressaisit son appareil, le cabra, et repartit dans l'azur. Aux prouesses des Français applaudissaient avec une chaleureuse cordialité la presse et le public qui criblaient de quolibets les Allemands malchanceux.

En ce même été de 1913, ma famille s'était installée dans une villa de Reichenau, sur le flanc nord du Semmering. Ayant eu à aller chercher à Vienne un de mes amis venu de France, je le ramenai en automobile, un après-midi de septembre, par une route passant au long du domaine de Frohsdorf : chemin d'un pittoresque assez banal, mais qui cesse d'être indifférent si la pensée se reporte à tant de fervents de la royauté qui l'ont suivi durant bien des années, religieusement exaltés devant ce paysage d'exil. Même avec des sentiments tout autres que ceux de ces tenaces « courtisans du malheur », impossible de ne pas éprouver un peu de leur émotion en parcourant, trente ans après eux, le pèlerinage historique ; trop de Français ont ressenti là ce que le cœur renferme de plus noble, la foi sans défaillance, la fidélité sans espoir. En ce même coin de terre, comme en un lieu de relégation pour maisons souveraines, les révolutions ont contraint de chercher aussi des refuges, dans le voisinage de celui du comte de Chambord, les familles de Bragance et de Bourbon-Parme. Ce fut réellement une vallée de larmes pour beaucoup de présomptifs désabusés.

La résidence où vécut et mourut Henri V est près de la grille d'entrée, posée de travers, à peine abritée du regard par des massifs d'arbres. Afin de la mieux voir — ce n'est qu'une très vaste bâtisse carrée, peinte en blanc, sans autre ornement architectural qu'un attique sur la principale façade, une large terrasse du côté des jardins, et, comme entrée, une voûte assez basse, — nous avions avancé de quelques pas dans le parc ; d'un fourré bondit un petit gardien au teint de citron, aux yeux ardents, coiffé d'un béret, chaussé d'espadrilles, un vrai Basque émigré aux confins de la Styrie et de la Hongrie. Il nous enjoignait rudement de nous retirer. Je lui dis que deux Français, passant devant Frohsdorf, désiraient qu'il leur fût permis seulement de jeter un coup d'œil sur le château. D'un autre bond, il disparut ; et presque aussitôt, à grandes enjambées, vint à nous un homme de haute taille, en costume négligé, qui souleva son feutre d'un large et noble geste à la castillane. Il n'y avait pas à s'y tromper : c'était le

prince don Jaime en personne. « J'apprends que des
Français sont à ma porte. J'accours pour leur dire
que ma maison leur est grande ouverte ». Nous
n'avions pas souhaité un tel accueil ; il ne nous restait qu'à témoigner combien nous en sentions la
valeur. Afin de prévenir pourtant un malentendu, je
déclinai ma qualité et celle de mon compagnon, un
des hauts fonctionnaires de la République. « Je n'en
suis que plus heureux, Messieurs, de vous recevoir »,
répliqua l'Altesse Royale. Puisqu'il en était ainsi,
aucun scrupule ne nous empêchait de bénéficier de
ses hospitalières dispositions.

Le descendant de Charles-Quint et de Louis XIV
ne nous retint pas moins de trois heures. Pour lui,
homme d'action plus que d'étude, le temps devait
s'écouler avec une morne lenteur dans l'oisiveté et
l'isolement. Sans que notre gratitude en fût dimi-
nuée, nous pouvions nous dire que notre arrivée
fortuite lui procurait une demi-journée de distrac-
tion, aubaine assez rare à Frohsdorf. Ce n'en est pas
moins une faveur précieuse que d'avoir visité tout le
domaine, salons officiels et privés, jardins, parc et
potager, partout guidés par l'auguste propriétaire.

Le prince y mettait plus que de la bonne grâce ;
il faisait montre d'une humeur si joyeuse que, par
instants, étonnés déjà de tant d'aimable simplicité,
nous en éprouvons même quelque gêne. Sur son
ordre, toutes les salles du rez-de-chaussée avaient été
ouvertes pour notre visite : « Gardons nos chapeaux ;
ces pièces où n'entre jamais le soleil sont tellement

froides », et, en même temps, nous ayant fait allumer des cigarettes, don Jaime nous expliquait que nous pénétrions dans le salon où le roi recevait les députations, dans celui qu'il réservait aux audiences particulières, dans la chambre où il avait rendu le dernier soupir... Quoique l'exemple vînt de haut, je renonçai, quant à moi, à rester couvert et à continuer de fumer.

Dans des vitrines, quantité de souvenirs inestimables et de merveilleux joyaux de Louis XVI, Marie-Antoinette, Louis XVIII, Charles X ; aux murs, abondance de portraits du plus grand intérêt. Mais le prince ne s'attardait pas dans ce musée de ses ancêtres et parlait sans arrêt : il convenait de prêter plus d'attention à ses paroles qu'à ce qu'il daignait nous faire voir.

Plusieurs salons contiennent une considérable galerie de tableaux, la plupart de ces maîtres bolonais aujourd'hui dédaignés, l'Albane, Guido Reni, et quelques œuvres des charmants peintres français de la fin du xviiie siècle. Un vieux marchand vénitien, voisin du palais Vendramin qu'habitait le comte de Chambord, lui avait offert toute sa collection contre une pension viagère ; le cessionnaire n'en toucha qu'un seul quartier, la mort l'ayant frappé dès après cet arrangement. Le tout, toiles de prix et apocryphes, a été placé fort au hasard, plus pour couvrir des panneaux que pour les décorer. Certains tableautins de Boilly, de Debucourt feraient pâmer d'aise les amateurs. Il apparaissait qu'à Frohsdorf l'agrément en avait été peu goûté.

N'était la valeur historique ou artistique des objets qu'ils renferment, ces salons où le comte et la comtesse de Chambord tinrent leur cour ne donneraient qu'une impression de luxe mesquin et de glaciale solennité.

L'ennui, comme une tradition pieusement conservée de Holy Rood et du Hradschin de Prague, y régna plus effectivement que les royaux châtelains. On sent toujours présente l'ombre de la princesse maussade devenue française à contre-cœur et si nuisible à la cause de son époux. Lui-même, quoique habitué à cet air irrespirable, en souffrait. « Comment pourrais-je faire figure de roi de France, avouait-il à un familier, avec ma jambe et ma femme ? »

Annoncée par un coup de cloche, une collation réunit autour d'une table où le thé et des fruits étaient servis, quelques personnes attachées à don Jaime. Devant ces convives au visage recueilli, figés par la déférence, le prince continuait de causer avec verve. Sans se contraindre dans le choix des mots et des appréciations, il racontait au hasard ses souvenirs de voyage, ses chasses en Afrique, ce qu'il avait vu de la guerre en Tripolitaine, où, les troupes italiennes ne pouvant dépasser une frange du littoral, l'annexion avait été proclamée sans que fût accomplie la conquête. Son rire joyeux égayait ses récits.

Pourquoi n'était-il pas resté dans l'armée russe, alors qu'il y commandait un régiment de cavalerie ? Cette phase de sa vie a dû si bien répondre à ses goûts. Supposez le général Lassalle ayant vécu jusqu'à

la Restauration et rongeant son frein en demi-solde.
Tel était don Jaime à Frohsdorf. Les photographies
qu'il nous offrit avec un tact charmant étaient celles
de son portrait en brillant colonel des hussards de
Grodno, la seule de ses images que nous pussions
accepter sans embarras (1).

Plus tard, sous les belles futaies du parc, où les
pensionnaires d'un couvent français fondé par le
comte de Chambord et confié à des religieuses de
Sainte Chrétienne sont admises à venir jouer au
tennis, il nous parla de son effort pour remettre en
bon état le château. Autrefois, par exagération de
parcimonie, l'entretien en avait été fort négligé. La
réfection complète suivant les procédés modernes
absorbe maintenant le revenu du domaine. Pavage
de la cour intérieure, toitures, consolidation et assainissement, partout des soins dispendieux. De ce
délabrement par entêtement à de vieilles pratiques,
le nouveau maître en vint à ses idées personnelles et
bientôt s'épancha en toute liberté. Est-ce la rencontre
fortuite de deux Français qui lui fournissait l'occasion attendue ? Ou cédait-il sans calcul ni arrière-
pensée, ce que je crois, à l'impulsivité de son tempérament, à sa franchise toute soldatesque ? Ce
serait mal reconnaître l'honneur qu'il nous fit de
quelques confidences que de les reproduire ici. Ce
qu'il est pourtant permis d'en dire, c'est que dans
ses courses à travers le monde il s'était rénové lui-

(1) D'après un portrait d'Henri Jacquier, exposé au Salon
des Artistes français.

même bien avant sa demeure. Représentant par sa naissance du dogme de l'absolutisme, dépositaire de cet autre Saint Grahal qu'est l'essence de la pure doctrine carliste, il s'irritait de ce que ses Navarrois et ses Guipuzcoans s'obstinassent dans leur vénération à ces symboles d'un autre temps. Sa loyauté en souffrait. Depuis lors, le désaccord s'est aggravé, pour la politique extérieure, de divergences avec ses partisans. A-t-on pu supposer que les énergiques et courageuses protestations de don Francisco Melgar contre la complicité des groupes carlistes avec les germanophiles d'Espagne eussent été publiées, si le prince ne les avait pas approuvées ?

Quelle sera, dans ce royaume chimérique, l'issue d'un paradoxal conflit entre le souverain trop libéral et ses sujets irréductiblement rétrogrades ? De plus pressantes préoccupations ont détourné l'attention de ce problème.

Le jour était à son déclin, quand nous reprîmes la route montant de la vallée déjà sombre vers l'Alpe styrienne. A la surprise et à la gratitude d'avoir été l'objet de cette gracieuse et royale hospitalité se mêlait quelque émotion de retrouver si vivaces en ce prince étranger ses lointaines origines françaises.

IV

L'hiver au cours duquel commença l'année 1914 ne laissait pas pressentir la catastrophe imminente : on y glissait, mais avec douceur, sans secousses, tout à l'illusion que le danger était encore si lointain qu'il devait y avoir de grandes chances de l'éviter. Ce qui rassurait, au rebours de la logique, c'était la fragilité même de l'empereur. Sa vie ne pouvait se prolonger, estimait-on, qu'à la condition de le maintenir hors des émotions violentes ; cela obligerait donc à toutes les temporisations. En quoi l'erreur était double, puisqu'il avait encore à subir les chocs les plus rudes de son existence et qu'il n'a succombé qu'après y avoir fort bien résisté durant trente effroyables mois.

Ce n'est pas néanmoins que les intrigues politiques fussent momentanément arrêtées. Le cabinet de Vienne continuait à attribuer aux Serbes de perfides projets d'offensive, avec l'espoir de les leur suggérer. Mais l'initiative d'une attaque n'entrait nullement dans les plans du gouvernement de Belgrade. Par crainte d'une irruption soudaine de bandes albanaises et bulgares, il ne se cachait pas de certaines mesures de précaution, ni du renforcement de la surveillance aux frontières. N'étaient ces continuelles menaces d'agression qui l'obligeaient à se garder, il se serait empressé de réduire au minimum les mouvements de troupes et les armements. Jour par jour, j'ai pu m'en assurer par des conversations avec mon collègue Jovanovitch et plusieurs de ses compatriotes. Une modération très calculée et, mieux encore, la plus extrême prudence provenaient chez tous d'une confiance mystique dans l'avenir ; inébranlables dans leur conviction, c'est avec les yeux d'une foi absolue qu'ils suivaient l'ascension de leur patrie vers ses hautes destinées. Qu'était une attente de quelques mois ou de quelques années encore, après six siècles d'assujettissement, quand déjà l'œuvre de libération s'accomplissait suivant une irrésistible progression ? L'âme chrétienne compte pour bien peu la durée des épreuves terrestres comparée à l'éternité des félicités célestes : c'est d'une semblable certitude qu'ils s'inspiraient, celle d'un complet, mais pas immédiat triomphe de toutes leurs espérances. « On ne veut, disaient-ils, nous accorder de débouché sur l'Adriatique que par Durazzo incorporé dans la future Albanie ; mauvais arrangement qui produira des luttes incessantes. Mais la Serbie peut facilement s'en accommoder ; il ne sera que provisoire, le temps qui travaille pour nous l'améliorera ». Aucune provocation, si blessante fût-elle, ne les aurait fait se départir de cette attitude expectante.

Sous l'influence de M. Venizelos, avec leur sens politique très affiné, les Grecs se faisaient honneur d'un non moins louable programme. L'extension de l'hellénisme dans les territoires nouvellement conquis devait se produire rien que par la plus libérale protection étendue aux nationalités diverses, serbe, koutzo-valaque, bulgare, albanaise. Chacune pourrait entretenir des écoles pour l'enseignement de sa langue ; la grécisation de ces différentes races résulterait de la supériorité de culture et de civilisation que les Grecs prétendaient faire resplendir.

Ces idées, d'une générosité admirable, avec quel enthousiasme M. Streit les développait, au moment où l'illustre chef de son gouvernement le décidait à aller prendre à Athènes le portefeuille des Affaires étrangères. Durant les longues et pénibles semaines de la conférence de Londres, il avait eu l'honneur de collaborer avec M. Venizelos ; toujours souple et zélé comme un employé avide d'avancement, il revenait d'Angleterre tout aussi acquis à ce nouveau patron qu'il l'était, la veille, au roi Georges, qu'il allait, le lendemain, l'être au roi Constantin. Il fut, somme toute, l'homme des sincérités successives de qui chacun de ceux dont il recherchait la faveur a pu, sans discerner sa fourberie, apprécier les qualités, M. Venizelos tout comme les autres.

D'aussi raisonnables adversaires n'étaient pas pour convenir à la politique autrichienne. Elle aurait eu besoin qu'une vive effervescence l'autorisât à procéder avec rigueur. On lui ôtait tout prétexte d'agir ; sa mauvaise humeur s'en augmentait.

Par surcroît, le ministre bulgare à Vienne, le seul des Balkaniques avec qui le Ballplatz pût mettre en commun ses rancunes et ses secrets espoirs, était précisément le moins attrayant des collaborateurs. Il avait fait fortune en fabricant de l'essence de rose ; devenu député, on l'avait appelé plusieurs fois au pouvoir, mais son industrie poétique ni ses passages dans les conseils du roi n'avaient eu raison de son épaisse rusticité. Il rebutait par son sens grossier des affaires, sa faconde dans le succès, son abattement dans les revers. Au choix qu'avait fait de lui le roi Ferdinand pour le représenter à Vienne, pas d'autre explication à découvrir que le désir de son souverain de l'éloigner de sa présence.

La fréquentation de ce collègue m'a fait passer bien des heures désagréables. Lui parler de sentiments conciliants, recommander la réciprocité de procédés obligeants, invoquer la bonne foi, c'était se servir d'un langage dont il n'entendait mot. Après la première guerre dont les Bulgares sortaient repus et les Serbes frustrés, son ahurissement tournait au comique, quand j'essayais de l'amener à d'équitables concessions. « Comment voulez-vous que nous leur cédions ce que nous venons de prendre ? C'est notre bien maintenant, nous ne pouvons donc pas nous en dessaisir. » Les gens de sa race n'admettent de transaction que sur ce qui ne leur appartient pas. Odieux dans la victoire, il se révéla pire encore dans la défaite, sitôt que le guet-apens manqué de juin 1913 eût fait perdre à la Bulgarie une partie de son butin. Ses gémissements le rendaient insupportable à tous.

L'élégante correction du comte Berchtold souffrait de la mauvaise tenue d'un tel allié. La complicité qui les avait rapprochés pour préparer l'écrasement de la Serbie les unissait plus étroitement encore depuis le traité de Bucarest, non moins douloureux à l'Autriche qu'à la Bulgarie. Un même jugement les avait condamnés, sans peines afflictives, il est vrai, pour l'Autriche, mais avec des considérants que son orgueil ne tolérait pas.

De là, des crises d'inquiétude, des froissements, des récriminations, qui alimentaient des conciliabules et défrayaient les conversations entre collègues, sans qu'aucun prît encore la situation tout à fait au tragique.

L'empereur, toujours soucieux de sa popularité et de son prestige qu'amoindrissaient ses longues réclusions, fit annoncer que pendant la période du carnaval les réceptions à la cour, interrompues depuis au moins deux ans, recommenceraient. Afin d'en réduire pour lui la fatigue, on le décida à convoquer ses invités à Schönbrunn, devenu sa résidence permanente.

Plusieurs dîners d'hommes furent offerts aux hauts dignitaires, aux sommités de l'armée et de la marine, aux chefs des principales familles et aux représentants diplomatiques. Ils étaient plutôt mornes, malgré les splendeurs de la table et les chamarrures des convives ; trop de vieillards s'imposaient des efforts et des contraintes en disproportion avec leur âge et leurs infirmités. Quand j'y fus admis, le général comte Paar, ami d'enfance du souverain, lui faisait vis-à-vis ; moins bien conservé que son auguste contemporain, il avait des absences, oubliait où il se trouvait, s'endormait ou sifflotait pour se distraire. Ce que l'on redoutait de Sa Majesté, c'est qu'elle ne s'abandonnât, dans la causerie, à d'intempestifs exposés d'opinion ou à des appréciations contraires aux habitudes réservées de son gouvernement. Aussi le service était-il tellement précipité que le monarque, gros mangeur, n'avait pas un instant de répit entre tous les mets dont on l'encombrait. On lui fermait ainsi la bouche en la lui remplissant. Chaque fois qu'il voulait adresser la parole à l'un de ses voisins, l'ambassadeur d'Italie, notre doyen, ou moi, une tranche de venaison ou des truffes au champagne présentées en hâte arrêtaient le propos. Néanmoins, avec sa haute courtoisie, il tint à ce que le repas ne se terminât pas sans qu'il m'eût parlé. « Voilà donc votre gouvernement, me dit-il, qui a pris le bon parti de rétablir le service militaire de trois ans ; je l'en félicite ». J'exprimai combien paraîtrait précieuse cette approbation d'un souverain aussi expert en ces questions. « Au surplus, continua-t-il, vous ne pouviez pas faire autrement, après l'exemple que venait de donner l'Allemagne... » Il n'eut pas le loisir d'en dire plus : un maître d'hôtel bien stylé glissa aussitôt devant lui une nouvelle assiette copieusement garnie sur laquelle se concentrèrent son attention et son admirable appétit.

Dès huit heures, les convives quittaient le château,

l'empereur ne devant en aucun cas réduire la durée de son repos.

Il en était de même pour les bals. Celui qu'il offrit commença à six heures et ne dura pas plus tard que les dîners. C'était une fête instamment réclamée par les familles de l'aristocratie, comme offrant la seule occasion de présenter à Sa Majesté les jeunes gens débutant dans le monde. Les ambassadrices nouvellement arrivées avaient également l'honneur d'être introduites auprès de l'empereur, chacune à part, dans un salon spécial, où il leur adressait quelques paroles de bienvenue. Puis la nombreuse famille impériale, dans un simulacre de polonaise, qui, loin de rappeler une danse, n'était qu'un très lent défilé réglé par l'allure d'un vieillard, allait prendre place sur une longue estrade.

En 1911, l'héritier François-Ferdinand avait refusé d'assister à un bal de Cour, parce que la duchesse de Hohenberg, sa femme, n'y aurait pas eu le rang qu'il réclamait pour elle. A la fête de 1914, la dernière où il lui fut donné de paraître, elle s'assit sur l'estrade avec, mais après toutes les archiduchesses. Il faut croire que cette place la satisfaisait, car elle causait et riait avec entrain. Ce qui fut encore plus remarqué, c'est qu'à la première valse, l'archiduc s'avança vers sa nièce Zita, femme du second héritier, et tourbillonna avec elle autour de la salle. De quelle sorte étaient les rapports entre les ménages des deux présomptifs, l'un futur usufruitier, l'autre nu propriétaire du pouvoir impérial ? On en discutait, sans rien savoir de précis. Depuis longtemps, l'empereur s'était appliqué à développer entre eux des sentiments de rivalité. Dès que l'archiduc François-Ferdinand partait pour des villégiatures lointaines, Saint-Moritz ou Brioni, où il passait les hivers, le monarque affectait de se faire remplacer, même sans nécessité, dans les cérémonies publiques par son petit-neveu Charles ; faveur qu'il n'accordait que rarement, et toujours dans des conditions désobligeantes, à son héritier immédiat. Sur la nature envieuse et rancunière de celui-ci, ces taquineries devaient produire des réactions violentes. Aussi le tour de valse avec l'archiduchesse Zita mérita-t-il d'être commenté très sérieusement comme l'indice d'un rapprochement.

Quoique de si courte durée, le bal, suivant d'immuables traditions, ne pouvait se terminer sans distribution de fleurs et de cadeaux aux invités, ni surtout sans souper par petites tables. Tous les rites furent observés en moins de deux heures. Du souper le souvenir qui me reste, c'est que ma voisine me demanda obligeamment si je connaissais la salle où nous venions de trouver nos places marquées. « C'est la chambre où est mort le duc de Reichstadt. Son lit, à ce que je crois savoir, appuya-t-elle, était à la place même de notre table ». A Berlin, jadis, j'avais recueilli nombre de propos de ce genre, et de la bouche de gens bien intentionnés, mais incurablement balourds. De cette infirmité congénitale chez les Allemands du Nord, c'est l'unique manifestation que j'aie observée en Autriche.

Comme contraste à la brièveté des fêtes à la Cour, une autre solennité mondaine nous fut offerte, une matinée dansante du mardi gras, chez le duc de Cumberland, commencée à trois heures et ne se terminant qu'à minuit. Il fallut l'ouverture du carême pour qu'elle prît fin. La maison royale de Hanovre était, à mon arrivée à Vienne, plongée dans un deuil profond par la mort du prince héritier, tué dans un accident d'automobile. Les démarches d'usage, de ma part, en avaient été longtemps retardées ; mais, après les délais de rigueur, ces parents si douloureusement atteints dans leur tendresse nous avaient reçus en audience, ma femme et moi, avec la grâce la plus charmante. Depuis lors, par le mariage de son fils survivant, qualifié duc de Brunswick et Lunebourg, avec la princesse Victoria-Louise de Prusse, fille de l'empereur Guillaume, en juillet 1913, le duc de Cumberland venait, en acceptant un compromis politique, de se découronner lui-même de son auréole d'irréductible protestataire. Les cordiales relations qu'avait toujours entretenues l'ambassade avec cet adversaire de la Prusse n'allaient-elles pas s'en ressentir ? Le vieux prétendant, malgré cette défection dont il souffrait, tenait à ce que rien ne changeât dans les rapports depuis longtemps établis. Un matin, avant la célébration du mariage, il vint me faire une longue visite, rappela les motifs pour lesquels il resterait toujours reconnaissant envers la France, et, sans allusion au rapprochement avec la Prusse, témoigna de la persistance de ses sentiments. C'est dans ces conditions que je me rendis avec mes filles à son invitation.

Sa résidence de Prenzing, proche de Schönbrunn, est plutôt une très vaste villa qu'un château. Ce qui est surprenant, c'est l'énorme quantité d'objets de haute valeur accumulés, pour ne pas dire amoncelés, dans cette demeure. Si ce ne sont que des épaves du trésor des Guelfes, quelle en était donc la totalité ? En tableaux de maîtres, orfèvreries précieuses, coffrets, bonbonnières, éventails, armes incrustées de pierreries, les collections classées salle par salle sont d'une splendeur et d'une richesse incomparables. J'avais visité, vingt ans auparavant, le château de Herrenhausen, ancienne résidence royale aux portes de Hanovre. La beauté des serres, où des palmiers de quinze mètres poussaient comme dans une oasis, le luxe des écuries, garnies de carrosses magnifiques et même de huit ou dix paires de chevaux d'une race et d'une robe très curieuses, gigantesques, d'une couleur rosée avec des crinières et des queues d'éblouissante soie floche, m'avaient laissé l'impression que le prince spolié et exilé disposait encore de copieuses ressources pour suffire à cet immense superflu. Le train de la cour hanovrienne à Prenzing n'était pas pour faire changer d'avis. La somptuosité de ce que l'on y admirait était d'autant plus frappante que les maîtres de maison montraient plus de simplicité et comme de détachement des biens de ce monde. Le duc de Cumberland, vieillard de grande taille, très maigre, au visage creusé, les yeux cachés sous des lunettes, vêtu d'un costume semblable à la tenue d'un gardien de square, ne révélait que de la mélancolie, de la timidité et la résignation au malheur. Beaucoup plus royale, la duchesse Thyra, fille de Christian IX de Danemarck et sœur de tant de souverains, proclamait son origine et son rang par la noblesse de son attitude et de ses traits, tout en étant aussi simple et gracieusement avenante que son époux.

Ils s'étaient décidés à cette réunion mondaine dans le but de dissiper la tristesse de leur fille, la princesse Olga. L'effort qu'ils s'imposaient était touchant. Ils ne ménageaient pas leur peine ; pendant les neuf heures que dura l'interminable matinée, les repas qu'ils présidèrent, goûter, dîner, souper, se succédèrent sans interruption. Leurs centaines d'invités emplissaient des salles à manger dont le mobilier entier, tables, sièges, dressoirs énormes, lustres, cadres des glaces, était d'argent massif. Parmi cette profusion du précieux métal, l'œil cherchait en vain une chaise, un guéridon, un escabeau de bois dont la modestie aurait procuré un plaisir et un repos. Job a parlé d'affligés « attendant la mort avec l'impatience de gens qui creusent pour atteindre un trésor ». Celui que détenaient le duc et la duchesse de Cumberland paraissait ajouter encore à l'amertume de leur cœur.

***

Pendant que se multipliaient les réjouissances du printemps et du commencement de l'été, des incidents politiques sollicitaient l'attention, mais déconcertaient souvent les commentateurs. Les floraisons de juin, par exemple, furent-elles donc en cette année 1914 d'une beauté si exceptionnelle que l'archiduc héritier dût attirer Guillaume II dans son domaine de Konopicht pour lui faire admirer la variété et l'épanouissement de ses roses ? C'est la seule explication de cette démarche que se soit permise la presse autrichienne. S'il falllait s'en tenir à cette interprétation purement idyllique, pourquoi l'empereur allemand tenait-il à associer à la visite son ministre de la marine, l'amiral de Tirpitz, compagnon singulièrement choisi pour causer de jardinage ?

On a supposé, non sans vraisemblance, que les entretiens portèrent principalement sur la transformation du régime dualiste en trialiste, par la constitution d'un royaume yougo-slave pareil à celui de Hongrie ; c'était, malgré d'énormes difficultés à surmonter, la solution la plus ingénieuse d'un problème d'où dépendait l'existence même de la monarchie.

François-Ferdinand devait y entrevoir des causes diverses de satisfaction : celle de molester les Hongrois qui auraient été gravement atteints dans leur puissance territoriale et leur prestige, et cette autre, très importante pour ses préoccupations intimes, de procurer à ses deux fils d'éventuelles souverainetés. L'appuyer dans ses ambitions paternelles était un des artifices de Guillaume pour séduire l'archiduc. Déjà, en 1909, lors d'une entrevue à Potsdam, il aurait promis, croyait-on, d'assurer en Allemagne aux jeunes Hohenberg des situations en rapport avec leur origine, au cas où des obstacles s'y opposeraient en Autriche-Hongrie.

Une autre combinaison que celle d'un empire trinitaire aurait aussi été discutée dans les conversations de Konopicht ; le lot du fils aîné formé de la Pologne, de la Lithuanie et de la Posnanie ; celui du cadet, d'un royaume composé de la Bohême, de la Hongrie et des pays slaves de la monarchie, en y joignant la Serbie et la côte orientale de l'Adriatique. En revanche, l'Autriche allemande avec Trieste aurait été annexée à l'empire germanique (1). Jusqu'où peut aller la fantaisie quand elle s'exerce sur des remaniements d'États, nous sommes en train de nous en instruire.

Relativement aux fils de l'archiduc, ce qui est plus précis, c'est qu'au lendemain de l'assassinat et dans un premier mouvement d'attendrissement, l'empereur François-Joseph annonça qu'il relèverait pour ces orphelins le titre de princes ou ducs de Lor-

---

(1) Voir *Histoire diplomatique de l'Europe*, par Debidour. Paris, 1917, tome II, p. 229.

raine avec des apanages ou dotations en conséquence. Mais, avant même que les événements se missent à la traverse, les ennemis obstinés de l'archiduc défunt avaient déjà détourné le vieux grand-oncle, vite remis de son émotion, de donner suite à ses bienfaisantes intentions.

Plus son héritier tâchait d'accroître l'importance de son rôle par des manifestations telles que la réception de l'empereur allemand ou en laissant pressentir les vastes et vagues desseins qu'il mûrissait, plus se développaient les suspicions de François-Joseph. Pour contrecarrer son neveu, sa méfiance lui suggérait des procédés adaptés à toutes les circonstances. Ainsi, lors de l'ouverture des délégations à Budapest, le programme qu'il régla lui-même était combiné de manière à mortifier l'archiduc autant que le royaume de Saint-Etienne. La visite à la capitale hongroise, limitée à quelques heures, l'emploi du temps strictement déterminé, il interdit en outre que les honneurs royaux fussent rendus à son représentant, réduit à n'être salué sur le quai de la gare que par le préfet de police. C'était lui signifier, me disait un informateur, « qu'il l'employait seulement à la place de téléphone ». A l'issue de l'audience où ces décisions lui avaient été notifiées, le présomptif était en proie à une si furieuse colère qu'on put croire, sinon craindre qu'il s'ensuivrait une attaque d'apoplexie.

Après le drame de Serajevo, il a été dit que l'archiduc s'était rendu en Bosnie avec des arrière-pensées politiques, dans l'espoir de s'acquérir, parmi les éléments slaves, une popularité personnelle. Et c'est parce qu'il se savait malhabile à gagner les sympathies qu'il se serait fait accompagner de la duchesse de Hohenberg. L'affaire n'était pas interprétée ainsi quand le voyage fut entrepris. Que le prince héritier, investi des pouvoirs militaires les plus étendus allât présider aux manœuvres de troupes nombreuses rassemblées au seuil même de la péninsule des Balkans, c'était, pensait-on, afin de renforcer une démonstration répondant aux alarmes sincères ou feintes du gouvernement impérial. Pour motiver ce surcroît de méfiance et de crainte, on faisait état de ces dispositions défensives que les Serbes avaient dû prescrire contre leurs tumultueux voisins. Ils ne s'y étaient résolus qu'à contre-cœur, avons-nous dit, et seulement à cause du double jeu de la chancellerie de Vienne qui les maintenait sous la menace de continuelles agressions et leur reprochait les précautions prises pour y parer. Pas de doute pour eux que ce régime de provocations systématiquement renouvelées ne visât à lasser leur patience, à leur faire engager la lutte, à exploiter, le cas échéant, un fortuit incident de frontière. Le piège était si apparent qu'ils se promettaient bien de n'y pas tomber.

De la part de quelques Autrichiens, des confidences, dont j'avais parfois lieu de m'étonner, me confirmaient pourtant dans l'idée que cette situation de plus en plus tendue ne se dénouerait pas sans qu'un peu de sang fût versé. Le calme et la paix de l'Europe ne seront pas assurés, me disaient des gens parlant avec un incontestable sincérité, tant que la Serbie et la Roumanie escompteront un prochain démembrement de l'Autriche. C'est à nous de faire cesser l'agitation entretenue à cet effet. Si la Russie qui excite aux menées en faveur d'une *plus grande Serbie* ou d'une *plus grande Roumanie* entre dans le conflit, ce sera la preuve qu'elle veut détruire l'Autriche, afin, par-dessus ses ruines, de pouvoir mettre la main sur Constantinople. Et ils ajoutaient qu'avec une conscience pure devant Dieu, ne désirant rien prendre à personne, ils avaient le droit et le devoir de protéger leur propriété. Ce filet dans lequel ils croyaient qu'ils seraient enserrés, ils déclaraient de la plus urgente nécessité d'en couper les mailles.

Mais non moins certaine que cette volonté d'en finir avec les adversaires balkaniques, apparaissait chez Berchtold et quelques-uns de ses intimes conseillers la conviction qu'ils sauraient préserver l'Europe d'une conflagration générale. Ils se supposaient assez maîtres des événements pour choisir à leur guise un prétexte à la guerre, la restreindre à une exécution sommaire, ne lui laisser produire que les effets jugés indispensables. Cette naïve et funeste présomption a duré jusqu'aux brutales mises en demeure de la chancellerie de Berlin. Ils pensaient n'avoir allumé qu'un feu de pâtres pour enfumer quelques fourmilières ; d'autres, d'un coup de botte, ont éparpillé les braises et répandu l'incendie dans toute la forêt.

De ceux qui les ont abusés, bernés et brusqués, nul sans contredit ne fut coupable avec autant de préméditation et de forfanterie que l'ambassadeur d'Allemagne.

Il n'a encore été l'objet que de brèves mentions dans ces notes, parce que M. de Tschirschky était un collègue que l'on ne désirait pas rencontrer, si ce n'est dans la stricte mesure où il était nécessaire de converser avec lui. Sous les dehors d'un homme de la meilleure société, mais s'acquittant de ses devoirs de courtoisie avec une exactitude et une précision automatiques, il lui était impossible de dissimuler pendant plus de dix minutes la violence de son caractère, son orgueil, sa volonté de dominer.

Pendant cette guerre à laquelle il a si criminellement contribué, une mort inopinée l'a fait disparaître. Vivant, il aurait voulu légitimer ses impostures, et d'injurieux désaveux l'eussent accablé. L'Histoire s'astreindra à la modération ; mais il suffira qu'elle juge sur pièces et en toute justice pour qu'il soit frappé d'une formidable condamnation.

Pourtant, se fiant à M. Kautsky, le député socialiste chargé à Berlin de divulguer les documents secrets de la chancellerie impériale, on a essayé de montrer M. de Tschirschky dans une attitude très différente de celle où je l'ai toujours vu. D'autres interpréteront les rapports publiés et estimeront à leur juste valeur les annotations qu'y aurait ajouté, paraît-il, le crayon de Guillaume II. Il me suffit d'attester que mon collègue allemand s'est constamment proclamé un irréconciliable adversaire de la Serbie et que, de son propre aveu, il excitait de toutes ses forces l'animosité déjà exaspérée des Autrichiens. Un propos qu'il aimait à répéter, sans s'apercevoir qu'il prêtait à une facile riposte, est celui que lui aurait tenu le roi Milan à une époque où Tschirschky était un jeune chargé d'affaires à Belgrade. « Croyez-moi, mon cher, disait le souverain, quand je ne serai plus là, l'Autriche ne trouvera plus en Serbie personne à qui parler ! » Or, on sait ce qu'il en coûtait, sur les fonds secrets, pour s'assurer la complaisance de Milan. Il est tout à l'éloge des Serbes que pas un autre que leur mauvais roi ne se soit laissé soudoyer par le cabinet de Vienne. L'ambassadeur fut beaucoup plus net encore le jour où il me déclara ceci : « Je suis tellement persuadé de la nécessité d'écraser les Serbes que je ne craindrais pas d'outrepasser les instructions de mon Gouvernement pour déterminer l'Autriche à agir ». Paroles qui sont absolument contraires à la remarque de Guillaume II, consignant en marge d'une dépêche que son agent à Vienne restait par trop en deçà de ce qu'il était chargé de faire entendre.

Jusqu'au craquement final, l'intransigeance de M. de Tschirschky se fit toujours plus intolérable. Mauvais pastiche de Bismarck, il n'en rappelait que les défauts. Fort de son autorité d'ancien secrétaire d'Etat et se targuant de lumières acquises dans ses hautes fonctions, il se prononçait sur toute question d'un ton si péremptoire qu'il n'y avait pas place pour le développement d'un avis contraire. Les chances de sa carrière dues à l'un des moins justifiés caprices de son empereur, l'avaient bouffi d'infatuation. Ce ne lui était pas assez de peser lourdement et avec ostentation sur les décisions du ministère austro-hongrois, il affectait aussi un tel air de supériorité vis-à-vis de ses collègues que la plupart avaient renoncé à le fréquenter.

Si j'évoque après la sienne la petite figure un peu falote de l'autre tenant de la triplice, l'ambassadeur d'Italie, c'est pour bien établir qu'il était heureusement tout différent de tempérament et de procédés ; mais son aménité n'était pas de plus de profit, pour les affaires à traiter, que l'arrogance de l'Allemand. Le duc d'Avarna, notre très accort doyen, après vingt-trois ans de sa carrière passés à Vienne, y jouissait délicieusement de faveurs toutes spéciales à la Cour. Au Ballplatz sa persistance avait fini par imposer au personnel ses habitudes de tatillonnage et de discussions interminables : on le rencontrait rôdant à son allure de trotte-menu à travers tous les bureaux. Dans ses entretiens avec nous, son exquise politesse et d'habiles détours le dispensaient d'émettre jamais un avis ou une appréciation. Loyal autant que circonspect, il ne trompait pas, mais ne se prononçait sur rien. S'épuisant et exténuant ses secrétaires à des démarches, des enquêtes, des demandes d'instruction d'aucune utilité, il prenait de cette trépidante activité une grande idée de son importance. La déclaration de neutralité de l'Italie l'abattit, l'entrée en guerre l'acheva. A peine ramené à Naples, il y mourut. Sa mémoire, si elle se conserve, ne rappellera qu'une victime imprévoyante des hostilités, tuée par ricochet.

L'ambassadeur de Turquie, Hussein Hilmy pacha, ancien grand vizir et ministre de la justice, s'est toujours révélé aussi estimable et impratique que nos « vieilles barbes » de 1848. D'une parfaite dignité d'attitude et d'un patriotisme sincère, son esprit judicieux et son honnête conscience ne lui avaient pas permis d'approuver les procédés gouvernementaux du sultan Abdul Hamid ; il s'était donc trouvé presque à son insu dans l'opposition et classé parmi les Jeunes Turcs. Bientôt gênant par sa sagesse et sa modération, il avait été évacué sur l'ambassade de Vienne. Ses renseignements sur la Macédoine qu'il avait administrée pendant six ans avec sang-froid et fermeté étaient presque toujours précis ; j'y ai souvent puisé et m'en suis félicité. Mais, quant à la situation nouvelle, on n'en tirait aucune appréciation en rapport avec les événements quotidiens : sa compétence n'était que rétrospective, faite de ce qu'il avait jadis appris par lui-même. Il était à consulter comme un répertoire sur l'Orient remontant à plusieurs années et qu'aucun appendice n'avait complété. Sous l'influence de ses secrétaires et par terreur de son gouvernement, il s'est mis dans la suite tout au service de la Triplice, sans que son action d'homme d'État démodé ait dû, à ce que je suppose, s'exercer fortement ni à Vienne, ni à Stamboul.

**

Je venais d'arriver au Semmering avec l'espoir d'y goûter un jour ou deux de repos auprès de ma famille, quand, le 28 juin, l'attentat commis peu d'heures avant à Serajevo me fut annoncé par le téléphone. La transmission de la nouvelle ne laissait pas comprendre si l'archiduc avait survécu. En rentrant à Vienne, le soir même, à la fin d'un dimanche ensoleillé, ce qui me frappa, c'est que la population, au lieu d'être consternée ou frémissante, répandait sur les boulevards sa badauderie coutumière et ses claires toilettes d'été ; elle restait dans une complète indifférence pour le deuil de la famille impériale.

Les seules marques de compassion durant les jours suivants s'adressaient à l'empereur. Après son frère, son fils, sa femme, comment ce vieillard supporterait-il qu'une mort violente lui eût encore enlevé son neveu, héritier de la couronne ? On apprit avec émotion qu'à Ischl, où il commençait à peine sa villégiature estivale, il avait ordonné le retour immédiat en ville. Cet effort n'allait-il pas lui être fatal ? L'imagination populaire inventa ce qu'elle redoutait. Le bruit se répandit, le jour où il était attendu, qu'il avait succombé en cours de route ; un commissaire de police m'en fit même porter obligeamment la nouvelle. L'anxiété dura jusqu'à ce que, du cabinet de Berchtold, un des principaux agents qui était présent à la gare lors de l'arrivée de François-Joseph m'eût fait cette communication rassurante. « Sa Majesté a très bien surmonté sa douleur et enduré la fatigue du voyage. Depuis longtemps, ajoutait-il, je ne l'avais vue aussi alerte ». Cette force de résistance dépassait ce que l'on se permettait d'espérer.

Pendant les obsèques dans la chapelle de la Hofburg, j'étais placé en face de la tribune de l'empereur. Je ne le vis pas faiblir un instant sous le poids du chagrin ou du fait de la longueur de l'office : il regardait dans la nef avec une curiosité éveillée et paraissait s'intéresser surtout à la physionomie des assistants. Pour tout autre que lui, en effet, le spectacle méritait attention.

Ce qu'ont été les intrigues entremêlées autour de cet enterrement, la diversité affolante des avis et contre-ordres a permis d'en prendre une idée. Guillaume II, avec son goût des manifestations sensationnelles, s'était hâté d'annoncer sa présence aux funérailles. Tous les chefs d'Etat offraient aussi l'envoi d'ambassades extraordinaires. A ces empressements furent opposés les ménagements qu'exigeaient la sensibilité et la faiblesse du vénérable souverain. Prétexte aussitôt admis par tous, sauf par Guillaume II ; à deux reprises, il insista en termes gênants. Pour l'éconduire en le convainquant qu'il s'abstenait de son plein gré, la chancellerie impériale dut recourir à toutes les subtilités ; elle finit par réussir.

Que ces hâtives négociations aient été menées à l'insu de François-Joseph, on en a la preuve par la lettre en date du 2 juillet qu'il adressa à l'empereur allemand. « J'ai profondément regretté que tu aies été forcé de renoncer à ton intention de venir à Vienne pour les obsèques (1). » La circonstance n'autorisait pas l'ironie ; il a fallu surprendre la bonne foi du monarque autrichien pour lui faire signer ces lignes.

Restreindre aux minces honneurs concédés à la duchesse de Hohenberg ceux que l'on devait à l'héritier de la couronne, écarter les fidèles et jusqu'aux enfants des défunts, procéder à l'ensevelissement d'une façon presque clandestine, c'est à cette besogne offensante qu'employa ses talents le haut personnage chargé d'ordonner les cérémonies. On ne s'attendait pas à ce que ses pouvoirs lui serviraient à assouvir d'anciens et toujours vivaces ressentiments.

« Le programme avait été arrêté par le prince de Montenuovo, grand-maître de la cour, qui doit sa fonction comme son crédit auprès de l'empereur à sa qualité de petit-fils de l'impératrice Marie-Louise. Entre ce personnage et François-Ferdinand régnait depuis longtemps une antipathie réciproque. L'héritier du trône ne pardonnait pas au grand-maître de la Cour de s'être arrogé des prérogatives quasi souveraines et, grâce à son influence sur le vieux monarque, de régenter la famille impériale. Le prince de Montenuovo devait donc croire qu'à l'avènement du nouvel empereur il serait dépossédé de ses hautes fonctions. Délivré soudainement par la mort d'un

(1) Diplomatische Aktenstücke zur vorgeschichte des Krieges, 1914, nº 1.

redoutable adversaire, il se fût honoré en renonçant à la joie de se venger sur le défunt de ses inquiétudes et de ses transes. Il y aurait eu dans cette attitude quelque grandeur, et l'on ne peut que regretter pour l'honneur de son nom que l'homme souple, calculateur et de grande allure qu'il est, ait commis la très vulgaire faute de poursuivre jusque dans la tombe celui qu'il tenait pour un ennemi. »

C'est le jugement de M. Ernest Daudet sur cet incident (1). Je m'y réfère parce qu'il est de beaucoup le plus modéré que puisse inspirer un aussi macabre acharnement contre un cadavre.

Par ces tardives représailles, le prince de Montenuovo et ceux qui le secondèrent cédaient seulement à la violence de leur haine, sans y chercher d'autre avantage. Parmi ceux qui bâtissaient leur fortune sur l'avènement prochain du présomptif, la déception où les plongea cette mort soudaine s'exhala avec tout autant de véhémence et beaucoup moins de détachements des intérêts matériels. En d'autres temps, que de révélations eussent surgi de ces cabales de chambellans autour d'un corbillard ! Mais déjà les événements se pressaient, prologue tout de suite angoissant d'un formidable drame.

(1) *Guillaume II et François-Joseph*, Paris, 1916, p. 113. — Plusieurs passages de mes notes pourront paraître empruntés à cet excellent ouvrage. Dès mon retour, d'Autriche, M. Ernest Daudet m'avait questionné sur nombre de points, afin d'utiliser, de mon plein consentement, mes souvenirs encore tout récents. Je n'ai qu'à me féliciter du cas qu'il a bien voulu faire de mes impressions.

D'un élan à peu près unanime, l'opinion publique rendait le gouvernement serbe responsable du meurtre de l'archiduc, l'accusait même d'en avoir été l'instigateur. Contre cette poussée et pour contenir les exaltés, le cabinet de Vienne tenta quelques efforts. Les conséquences d'une déclaration de guerre lui donnaient à réfléchir. Quelle allait être l'attitude de la Russie ? Dans l'incertitude, on tâchait de concilier encore la rigueur et la prudence : aussi la lettre citée plus haut, dictée à François-Joseph, contient-elle une appréciation à double entente. « D'après les indices recueillis jusqu'à présent, on s'est trouvé à Serajevo en présence non du crime d'un seul, mais d'un complot soigneusement préparé dont les traces aboutissent à Belgrade. Si vraisemblablement la complicité du gouvernement serbe ne peut être démontrée, il n'est pourtant pas douteux qu'une politique tendant à réunir tous les Slaves du Sud sous le drapeau serbe encourage de tels forfaits et qu'une pareille situation en se prolongeant constitue un danger pour ma maison et mes Etats ». C'était la menace enveloppée d'une réserve, afin de différer d'en venir aux actes. Il y eut quelque mérite, de la part du comte Berchtold, à résister, si peu que ce fût, à la pression de plus en plus énergique de l'armée.

Après des tergiversations qui depuis dix-huit mois la maintenaient inactive et sur le pied de guerre, elle exigeait une exécution sans délai. Et même le populaire, tiré de son inertie par les excitations de la presse, commençait, lui aussi, à crier vengeance, mollement néanmoins et à sa façon toujours narquoise. Chaque soir, des bandes de très jeunes gens visiblement embrigadés se portaient vers la légation serbe en poussant des clameurs modérées. La foule s'amassait, curieuse et amusée, comme pour une audition ; des agents de police à cheval la contenaient sans effort, jusqu'à ce que les manifestants se dispersassent en riant.

Tumulte anodin, bien conforme à la bonhomie viennoise, mais suffisant pour que les journaux pussent parler d'agitation dans la rue, de commencements d'émeute. Le gouvernement, indécis, tiraillé dans tous les sens, effrayé des responsabilités d'où qu'elles vinssent, se laissait gagner par l'impression qu'une expédition devenait inévitable, à condition pourtant que le conflit restât strictement localisé.

C'est alors que Tschirschky, impérieux comme un proconsul, s'empare de la direction du mouvement, et commande en maître. Des timidités, des hésitations, des derniers scrupules de Berchtold, il ne tient nul compte. On le voit assez par la rédaction de l'ulti-matum à la Serbie ; c'est à lui, unanimement, qu'on en attribua l'insultante rigueur, en collaboration avec Tisza et Forgásh. Jamais Berchtold ne serait monté à ce degré de violence. Il n'eut qu'à s'acquitter de la facile besogne d'en faire accepter les termes à l'empereur ; et pour y parvenir il séjourna à Ischl du 18 au 23 juillet.

Durant ce délai dont la longueur inexpliquée prêtait à toutes les conjectures, j'avais été questionner

M. Macchio sur la teneur du document. De son ton doctoral, il m'affirma qu'il ne contenait rien d'inacceptable, qu'on y verrait même des preuves des dispositions bienveillantes de la monarchie ! Tschirschky, du moins, ne recourait pas à d'aussi méprisables habiletés. Dès après que le représentant de l'Autriche à Belgrade eût rompu les pourparlers, par ordre, je voulus savoir comment mon collègue allemand qualifierait cette insolente provocation, sans espoir d'ailleurs qu'il la blâmerait. Il exultait de joie ; à quelques mots sur la sévérité avec laquelle serait jugée la brutale riposte de l'Autriche, « les concessions des Serbes ! s'exclamait-il, mais elles sont toujours faites sans aucune loyauté ; ils auraient cédé sur tous les points qu'on devrait encore refuser de les croire. » Le même jour, un publiciste très avant dans la familiarité de l'ambassade d'Allemagne m'avouait, comme soulagé de la plus pénible anxiété, que jusqu'à la dernière heure on avait redouté qu'un complet acquiescement des gens de Belgrade supprimât la possibilité d'une rupture.

Furent-elles prononcées, les paroles que l'on citait alors : « Il fallait un prétexte pour attaquer la Serbie, François-Ferdinand nous l'a donné ; sa tâche est remplie ? » Ouvertement, c'était l'opinion de la coterie germano-magyare qui menait à sa guise le cabinet de Vienne.

Berchtold, débordé, cédait, et d'autant plus volontiers qu'on l'assurait qu'il n'avait pas à craindre l'entrée en campagne de la Russie. Durant cette avant-dernière période de la crise — je dois y insister — les représentants du tsar, redoutant une insuffisante préparation militaire ou des désordres à l'intérieur, se montraient fermement opposés à toute démonstration belliqueuse. L'impression que M. Schebeko s'appliquait à répandre était celle-ci : sans se désintéresser tout à fait du sort d'un petit État slave, son gouvernement limiterait au minimum l'appui qu'on en attendait à Belgrade. Quant à lui, quoique porté à l'action par tempérament, il s'abstiendrait de toute intervention personnelle dans le débat austro-serbe.

Chaque jour, avant d'aller conférer aux Affaires étrangères, il s'arrêtait chez moi et s'y rencontrait avec Sir Maurice de Bunsen. La presque totalité des exigences de l'ultimatum étant acceptées à Belgrade, il approuvait la résignation de M. Pachitch et concluait à l'impossibilité pour la Serbie, épuisée par deux guerres coup sur coup, de résister à la force, si odieux qu'en fût l'abus. Avec une grande variété de ressources et d'arguments dont il nous donnait à juger, il s'essayait à concilier les susceptibilités contraires des deux empires. Il passait en revue tous les genres d'accommodements. Faire donner au comte Szápáry à Pétersbourg des pouvoirs spéciaux pour traiter avec M. Sazonoff et obtenir le sursis nécessaire à cette négociation, c'était le double but où il tendait de toute son énergie. « Par égard pour l'irritation des Autrichiens, pourquoi la Russie, disait-il même, ne leur concéderait-elle pas la faculté d'occuper momentanément Belgrade ? Et, cette satisfaction accordée, l'Autriche n'accepterait-elle pas en retour que les stipulations de l'ultimatum fussent révisées par une puissance médiatrice ? »

Il y avait à la vérité, de l'un et l'autre côté, des commencements de mobilisation ; mais prenaient-ils une signification si menaçante que la cause de la paix en fût nettement compromise ? A ces vaines démonstrations le gouvernement austro-hongrois avait trop souvent recouru pour y attacher encore une décisive importance.

Aucune de ces réflexions désolantes pour la Serbie n'était ignorée de M. Jovanovitch. Depuis longtemps, il ne fondait plus d'espoir sur un concours étranger. Pas un moment je n'ai vu sa perspicacité troublée par l'illusion que l'Autriche se résignerait à l'agrandissement de la Serbie ou que son pays pût compter sur d'autres secours que ceux qu'il tirerait de l'exaltation de son patriotisme.

Maintes fois, j'ai confirmé au Ballplatz les déclarations de mon collègue russe. Au *Livre rouge* a été inséré un rapport, sous la date du 22 juillet, qui reproduit assez exactement l'essentiel de ce que je m'efforçais de faire entendre.

« Dans un entretien de ce jour, l'ambassadeur de France a traité de l'état actuel de nos relations avec la Serbie. Il a envisagé toutes les éventualités à attendre d'une démarche énergique de notre part auprès du cabinet de Belgrade, ainsi que le danger d'une guerre entre l'Autriche et la Serbie, insistant surtout en termes inquiétants sur ce qu'elle pourrait prendre le caractère d'une lutte de race contre la monarchie.

« Toutefois, M. Dumaine, pour terminer, s'est référé à de récents entretiens avec son collègue russe portant sur le conflit en question ; il s'est convaincu que la Russie n'est pas résolue à intervenir fortement en faveur de la Serbie dans le différend de celle-ci et de l'Autriche et qu'elle n'accorderait rien de plus qu'un appui moral. Si nous en venions aux armes avec les Serbes — d'après l'ambassadeur de France, — la Russie ne prendrait pas une part active à la lutte ; son effort serait principalement consacré à localiser la guerre » (1).

Ceci correspondait entièrement au programme restreint auquel Berchtold aurait aimé s'en tenir. Mais toujours ses intentions étaient desservies par la faiblesse de son caractère : genre d'infirmité qui lui est commune avec bien d'autres et qu'a exactement décrite le cardinal de Retz, à propos de la veulerie de Monsieur, frère de Louis XIII, et des *étages* qu'il y observait : « Il y avait très loin chez lui de la *velléité* à la *volonté*, de la volonté à la *résolution*, de la résolution au *choix des moyens*, du choix des moyens à *l'application*, et ce qui était de plus extraordinaire, il arrivait même assez souvent qu'il demeurait tout court au milieu de l'application ».

Quels effets l'Allemagne fit produire à cet instru-

_____

(1) Diplomatische Aktenstücke, etc., 1re partie, pièce 53.

ment incomplet, on le sait de reste. Elle rassura si bien le comte Berchtold sur ce qu'elle attendait de lui que, malgré ses réponses embarrassées et évasives, il ne cachait pas combien le satisfaisait cette occasion déterminante pour l'Autriche de régler de vieilles querelles dans un simple duel, inégal d'ailleurs et sans péril pour elle.

Tout en se permettant contre les Serbes une injuste agression, il a donc cru sincèrement prendre toutes les précautions pour ne pas mettre en danger la paix européenne. Ceci doit le disculper un peu de s'être tant abusé sur sa vigueur. Ce pouvoir qu'il s'imaginait tenir, il fut tout de suite arraché de ses mains. Lâchés enfin après avoir si longtemps tiré sur leur laisse, les militaires se jetèrent dessus. Ils eurent tôt fait de montrer comment ils s'en servaient.

V

M. Taine fait pénétrer dans l'étude de la révolution française par un chapitre célèbre, *l'anarchie spontanée*. Toutes proportions gardées, c'est l'appellation qui convient au régime auquel l'armée soumit instantanément l'Autriche. Au nom de la sécurité nationale que rien ne menaçait, les pires fantaisies se donnèrent libre cours. Dès que des cartouches furent remises aux soldats, des coups de fusil partirent à tout hasard. Pour ne parler que d'incidents relatés autour de moi, à dix lieues de Vienne, dans la tranquille région des maisons de campagne, aussitôt les voies ferrées, les tunnels furent surveillés militairement : défense d'en approcher sous peine de mort. Une dame de la Croix-Rouge circulait en automobile pour recruter des infirmières ; ce doit être une espionne, elle est tuée d'une balle dans sa voiture. Un jeune homme s'accordait le plaisir d'une pleine eau dans le Danube ; en nageant il s'approche du pont du chemin de fer ; c'est donc qu'il veut en faire sauter une pile, un vigilant factionnaire le tue au milieu du fleuve.

D'autres mesures moins homicides, mais aussi absurdes, atteignent mes nationaux. Je vais m'en plaindre. « Excusez-nous, répond un agent attristé. Depuis tant d'années que nos militaires avaient cessé d'exercer l'autorité, ils ne savent plus en user raisonnablement. Maintenant qu'elle vient de leur être remise, croyez bien que la façon dont ils s'en servent nous affecte encore plus que vous » (1).

(1) Il était pourtant possible de prévoir le danger de l'ingérence de l'armée dans les services publics. Ne venait-elle pas de donner la mesure de ses aptitudes dans l'organisation du voyage en Bosnie de l'infortuné François-Ferdinand ? Pour la circonstance, le général Potioreck, commandant en chef dans la région, avait revendiqué l'honneur de sauvegarder l'archiduc et, chargé de la police, s'était ingénié à substituer un personnel de son choix à celui qu'employait la direction de la sûreté. Sur le recrutement improvisé de ces nouveaux policiers, un renseignement m'a été fourni, peu de jours après le crime, par un fonctionnaire bien placé pour recueillir de secrètes informations. Un certain R..., autrefois fougueux agitateur panslaviste, avait offert ses services au gouvernement : collaborateur précieux, puisqu'il avait trempé dans toutes les conspirations et pouvait signaler les plus dangereux de ses anciens complices. Son concours inspira une si grande confiance qu'il fut chargé de répartir des agents de son choix sur le trajet du cortège à travers la ville. Libre d'agir à son gré, à chaque carrefour il mit des conjurés, de sorte que l'archiduc, qui n'a succombé qu'au second attentat, ne pouvait échapper à la haie de meurtriers entre lesquels on le faisait circuler. La première bombe avait atteint plusieurs personnes, dont R... lui-même blessé au ventre par un éclat. On le porta dans un hôpital, et il fut un de ceux à qui François-Ferdinand, voulant témoigner de sa compassion aux victimes, s'empressa de venir serrer la main. Ce même général Potioreck, dans la suite, mena la guerre contre les Serbes avec une telle incompétence que le gouvernement fut obligé de le déclarer officiellement frappé d'aliénation mentale. Son rôle à Serajevo ne laissait-il pas diagnostiquer déjà le désordre de son cerveau ?

Ce n'est pas que les autorités civiles fissent montre de plus de sang-froid et de mesure que les militaires. Au lendemain de l'assassinat de Jean Jaurès, le premier bourgmestre de Vienne, M. Weisskirchner, avec une impudence ou une légèreté également inconcevables, annonçait à dix mille auditeurs massés devant l'hôtel de ville que la révolution sociale avait éclaté à Paris : massacres, incendies, pillage et, suivant ce qu'on lui avait entendu déclarer, M. Poincaré mis à mort !

J'étais alors privé de toutes communications avec la France. La poste ne me remettait ni lettres, ni journaux et, sur une initiative de notre gouvernement, le chiffre ne pouvait plus être employé pour la correspondance télégraphique. Par un heureux hasard, un télégramme en clair et daté du jour où se seraient passés ces terribles événements me parvint encore ; il visait une banale affaire de chancellerie. Cela suffisait pour établir que Paris était calme, contrairement aux nouvelles que M. Weisskirchner avait fait acclamer par le public. Je me hâtai d'aller protester. Macchio, qui me reçut, était fort penaud. Il m'engagea à ne pas ajouter foi aux journaux. « Mais, alors, comment votre bourgmestre n'a-t-il pas aussitôt opposé un démenti aux paroles abominables que votre presse lui attribue ? Ne sent-il donc pas qu'on le déshonore ? » J'exigeai une enquête et une très prompte réponse. M. Weisskirchner, me fit-on savoir, avait dit seulement que M. Poincaré était probablement prisonnier des émeutiers.

Des incidents de cette sorte devinrent quotidiens. Les mêmes petits jeunes gens qu'une certaine presse avait mobilisés contre la légation de Serbie furent dirigés sur ma demeure. Chaque soir, ils s'attroupaient sur la place Schwarzenberg et secouaient un grillage placé devant l'ambassade, en criant *Brunnenvergifter !* (empoisonneur de fontaines) ; spirituelle allusion à une information de l'agence Wolff d'après laquelle des médecins francophiles avaient tenté d'empoisonner la garnison de Metz avec l'eau potable. J'étais bien résolu à n'accorder aucune attention à ces criailleries ; toutefois, le comte Berchtold ayant récriminé avec quelque emportement contre les mauvais procédés qu'on avait à Paris envers les Autrichiens, je pus répliquer que je me serais fait scrupule de l'entretenir d'incidents ridicules comme ceux qui se reproduisaient, chaque soir, sous mes fenêtres ; mais que si la police autrichienne ne réussissait pas à empêcher des manifestations injurieuses pour la France sur la principale place de la capitale, il ne devait pas s'étonner de ce qu'à travers une ville comme Paris, on ne parvînt pas toujours à faire rigoureusement respecter la personne de tous ses compatriotes.

C'est encore Macchio qui entreprit de m'expliquer combien était justifiée la déclaration de guerre de l'Allemagne à la France. Sa maladresse égalait son insincérité : quoique dépourvu de tout moyen de le réfuter, je refusai de croire aux provocations et aux méfaits dont il tentait de charger mon pays. A son récit d'un vol d'avions sur Nuremberg, je lui demandai quel intérêt il supposait qu'eussent des Français à risquer un raid de plus de 700 kilomètres, aller et retour, pour viser une inoffensive ville bavaroise. « Vos aviateurs sont si hardis ! — D'accord, mais pourquoi les croyez-vous encore plus bêtes qu'audacieux ? »

Ces discussions n'offraient plus d'ailleurs aucun intérêt. L'ordre de mobilisation étant arrivé, l'ambassade, en quelques heures, se trouva encombrée par les Français pressés de répondre à l'appel de la patrie. Le court délai qui leur fut accordé pour partir ne permit qu'à très peu d'entre eux, ceux seulement de Vienne et des grandes villes, de sortir d'Autriche. Le 3 août, dès la guerre déclarée à la Russie, le réseau entier des voies ferrées de l'empire fut réquisitionné pour le transport des troupes.

En outre, tous les télégrammes de convocation, par des contretemps qu'on a peine à croire fortuits, subirent des retards considérables, de sorte que nos malheureux nationaux employés dans les usines et les exploitations de Moravie, Bohême, Hongrie, Transylvanie, quelque hâte qu'ils eussent mise à accourir, apprenaient, à Vienne, qu'il leur était interdit de poursuivre leur voyage.

Plus favorisé, le personnel de l'ambassade atteint par la mobilisation put se mettre en route le soir du 4 août. La part de ces jeunes gens dans le glorieux holocauste à la France est émouvante. Sur six qui allaient prendre les armes, trois furent tués et deux grièvement blessés !

La population viennoise, vint-on me dire, commençait à se montrer hostile envers les Français ; plusieurs avaient été éconduits des hôtels et restaurants ; un mauvais parti était fait à qui parlait notre langue dans les lieux publics. Cette surexcitation, quand elle s'est manifestée, n'a pas été bien violente. Mais ce qui fut de toute évidence, c'est la consternation d'avoir à combattre les Serbes. À force de les dépeindre comme de féroces sauvages, la presse avait réussi à en inspirer une folle terreur. Malgré les assurances qui m'ont été données, j'ose à peine mentionner que l'autorité militaire aurait fourni aux troupes des tubes d'un poison foudroyant, afin que les soldats restés aux mains de l'adversaire pussent échapper par une mort volontaire aux effroyables supplices qui les menaçaient. Ces avertissements produisirent un effet tout contraire à celui qu'on en attendait. Au lieu de développer l'ardeur, ils déterminèrent l'abattement. Parmi les domestiques de l'ambassade, plusieurs avaient à répondre à l'appel de leur classe. Ils fondaient en larmes, me suppliaient d'intercéder pour qu'on ne les envoyât pas en Serbie. Il fallut faire partir les troupes nuitamment, afin de les soustraire à des manifestations anti-belliqueuses. Encore la précaution ne supprima-t-elle pas les spectacles émouvants. Celui que j'eus sous mes fenêtres, où un bruit de tumulte m'avait attiré en pleine nuit, était lugubre. Un régiment s'acheminait sous la pluie, dans l'obscurité, vers la gare du Sud : de cette troupe accompagnée d'une foule de femmes, en serre-file, s'élevaient un long gémissement, des lamentations mal contenues, des adieux qu'on devinait désolés. Jamais entrée en campagne ne fut si peu martiale.

Plus tard, la démoralisation s'accrut encore de la honte des premiers revers. Les Autrichiens se heurtèrent à la résistance de femmes et de petits garçons, furent arrêtés, repoussés, rejetés en désordre. Ainsi seulement peut s'expliquer l'atroce barbarie des armées impériales quand, venant enfin à bout d'adversaires exténués, elles se répandirent librement en Serbie. Ce fut la revanche de la peur et de la honte. Les soldats retrouvèrent du courage pour massacrer les restes d'un peuple qui ne se défendait plus. Ce cas pathologique a des précédents ; mais jamais la vengeance de la poltronnerie ne se satisfit par de tels raffinements de cruauté.

L'Allemagne avait déclaré la guerre à la Russie le 1er août ; le cabinet de Vienne ne prit que le 3 la même résolution. M. Schebeko, ayant conservé jusqu'à la dernière heure l'espoir que la rupture serait évitée, dut alors procéder à un départ précipité. Pour l'ambassadrice, dans un état de santé toujours très précaire, le voyage à entreprendre était une redoutable épreuve. Son mari demandait en conséquence qu'on la laissât regagner la Russie par la route la plus courte, celle de Galicie ou tout au moins de Roumanie. En dérogation à ses traditions de courtoisie, le gouvernement austro-hongrois refusa toutes les facilités sollicitées ; il imposa la sortie d'Autriche par la frontière suisse, en sorte que M. et Mme Schébeko, obligés de faire le tour d'une partie de l'Europe, ne rentrèrent dans leur pays que quatre mois après avoir quitté Vienne.

La gare d'où ils partaient était militairement gardée, comme si leur sécurité devait être menacée par la fureur populaire. La vieille monarchie, pour se réconforter d'avoir pris le parti de la guerre, tenait à faire croire que le peuple entier l'y poussait ; à quoi s'employaient assez mal quelques groupes sur la place, dont on entendait vaguement de temps à autre les huées et les sifflets. Tout autre était l'impression qui s'imposait : dans le vaste hall sombre et presque désert, avec un unique train sous vapeur où des domestiques entassaient des valises, les rares assistants qui entouraient nos collègues russes, tous mornes, contraints, figés dans un effort d'impassibilité, ont dû penser, comme moi, aux préparatifs d'un duel à mort, aux adieux précédant le signal de s'entretuer.

Mon tour de départ semblait imminent : d'heure en heure, j'en attendais l'ordre. Peut-être l'Autriche désirait-elle que la France prît l'initiative de rompre, afin de se dire provoquée et d'en tirer argument pour décider l'Italie à remplir son devoir d'alliée. Par contre, à Paris, on ne voulait se prononcer qu'après avoir acquis une certitude, celle d'une coopération militaire de l'Autriche dans les attaques déjà commencées par l'Allemagne sur les frontières belge et française.

A la date des 6 et 7 août, des journaux suisses, le

Bund, de Berne, et les *Nouvelles de Bâle* ont annoncé
« qu'on avait connaissance dans les milieux diplomatiques de l'envoi de troupes autrichiennes en
Alsace ». Les jours suivants, des détails complémen-
taires étaient publiés sur l'importance de ce concours
destiné à renforcer l'aile gauche allemande : on allait
jusqu'à dire que, dès le 4, 7.000 Autrichiens se trouvaient déjà à Strasbourg.

Aussi, par des télégrammes du 9 et du 10, notre
ministre des Affaires étrangères, M. Gaston Doumergue, réclamait-il d'urgence des renseignements
sur la réalité de ces mouvements de troupes. Toutes
les assurances que je lui ai demandées, le comte
Berchtold les a successivement données, affirmant
d'abord que son gouvernement n'a jamais eu la pensée d'envoyer des troupes à la frontière française.
Puis, j'eus à lui faire entendre que des effectifs pouvaient avoir été dirigés sur le territoire d'un des
Etats allemands en remplacement de ceux qui mar-
chaient contre la France ; il déclara par écrit, en
recopiant la formule suggérée par M. Doumergue,
que « aucune troupe austro-hongroise n'avait été
transportée vers l'ouest hors du territoire autrichien ». Réponse que je transmis le 10 août à
14 heures 15.

Mais ce même jour, à 1 heure, donc rédigé longtemps avant la réception du mien, un télégramme
m'avait été adressé de Paris qui ne me fut remis que
31 heures après avoir été expédié : il m'apprenait que
les réponses des comtes Szecsen et Berchtold niant

toute participation de forces austro-hongroises à la guerre franco-allemande étaient en contradiction avec des renseignements venus d'Allemagne qu'on tenait pour incontestables, et d'après lesquels des fractions de l'armée impériale et royale agissaient contre nous. J'étais invité, par suite, à réclamer mes passeports et à quitter Vienne sans retard.

Ce télégramme en clair me parvenant après de si longs délais, je ne pouvais douter que les bureaux du Ballplatz n'en eussent pesé tous les termes avant que je n'en prisse connaissance. Le comte Berchtold ne se montrerait-il pas froissé du peu de valeur accordé à ses dénégations ? Je me préparais à l'entendre protester avec véhémence, à le voir très irrité d'avoir été mis en demeure de formuler des déclarations aussi nettes et d'y revenir à deux reprises, pour que, finalement, on refusât d'y croire. Rien de ce que je supposais ne se produisit. Il s'abstint de toute remarque sur la décision que je lui notifiais, et n'essaya même pas de prendre avantage de l'initiative de la rupture qu'il aurait pu mettre à la charge du gouvernement français.

Dans un rapport du 11 août (1), il a relaté cet entretien avec la même placidité.

« Lorsque l'ambassadeur de France s'est présenté aujourd'hui chez moi, je lui ai fait part des termes du télégramme du comte Szecsen, annonçant que ses passeports lui ont été remis par le gouvernement

____

(1) Diplomatische Aktenstücke, etc., IIIe partie, pièce no 173.

français et qu'on l'a informé des instructions par lesquelles il est enjoint pareillement à M. Dumaine de réclamer les siens ».

Il reproduisait ensuite mes allégations et se bornait à y ajouter :

« Ayant pris acte de cette communication, je ne manquai pas de renouveler à l'ambassadeur l'assurance que les informations d'après lesquelles son gouvernement était amené à rompre les relations diplomatiques ne reposaient sur aucun fondement, puisqu'il n'avait jamais été question de cette prétendue avance de nos troupes ».

La coopération militaire reprochée à l'Autriche avant toute déclaration de guerre à la France, s'est-elle réellement produite ? Et pourquoi les feuilles suisses inféodées à l'Allemagne s'étaient-elles hâtées de la signaler ? Sur ces deux points aucune réponse précise, que je sache, n'a encore été obtenue. Un rédacteur du *Temps* (numéro du 23 février 1915) a supposé que la diplomatie allemande avait profité du concours plus ou moins conscient de la presse étrangère pour compromettre son alliée à nos yeux ; elle se serait appliquée ainsi à rendre inévitable entre le gouvernement de la République et celui de François-Joseph une rupture dont à Vienne on envisageait les conséquences, notamment en ce qui concerne l'Angleterre, avec une inquiétude et des hésitations trop prolongées. Si vraiment ces informations tendancieuses émanaient de l'Allemagne, il est à peu près certain que la manœuvre eut Tschirschky pour auteur. Elle lui procura un bon argument : voilà l'Autriche, aura-t-il pu dire à Berchtold, qui se trouve accusée déjà d'avoir fourni des forces contre la France ; est-il de sa dignité de tâcher plus long-temps de s'en disculper ? — Même si la monarchie était résignée à jouer son rôle de *second* dans une grande guerre, il ne lui fut donc pas accordé de choisir son heure pour dégainer. Son impérieux partenaire lui mit de force l'épée à la main.

Mais, en dépit des dénégations de Berchtold, a-t-elle *nolens volens* fourni son contingent à l'offen-sive allemande ? On aimerait à admettre que la véracité de son ministre, au moins dans cette circons-tance, n'a pas eu de défaillance. Pourtant, un ancien consul général de France à Leipzig, feu M. Gabriel Bertrand, ayant remarqué avec quelle persistance et à cinq reprises, du 9 au 23 août, le gouverne-ment austro-hongrois a nié cette action militaire, m'adressa, le 26 février 1915, un témoignage person-nel intéressant à recueillir. Le 6 août, il était ramené vers la Suisse sous bonne garde, avec le personnel de sa chancellerie, dans un wagon dont les employés allemands exigeaient que les rideaux fussent baissés. Entre Donaueschingen et Constance, à sept heures du soir, lui et ses compagnons entendent les chants d'une masse d'hommes en marche auprès de la voie ferrée. Ce sont des airs populaires autrichiens, à ne pouvoir s'y tromper ; il croit même reconnaître, à plus grande distance, l'hymne national autrichien. Ses observations purement auditives sur cette rencontre reçoivent confirmation, ce même jour, par le télégramme du correspondant du *Bund* qui signalait un corps d'armée autrichien en route pour l'Allemagne, vers Mulhouse : le 8 août, la *Tribuna* de Rome est également avisée de Lugano que huit régiments autrichiens partis d'Innsbruck s'avancent à marche forcée vers le lac de Constance.

A ces dépositions j'en ajouterai une dernière : la valeur m'en paraît appréciable, puisque j'en peux garantir l'exactitude et parce qu'elle offre un moyen de concilier à peu près des assertions contradictoires.

Le train spécial qui nous a conduits jusqu'à la frontière suisse a croisé, durant la journée du 13, plus d'une trentaine de convois d'une énorme longueur qui transportaient d'Innsbruck vers Salzbourg le 14ᵉ corps d'armée du Tyrol avec un matériel d'artillerie considérable. Sans la moindre difficulté, l'attaché militaire de l'ambassade, M. le colonel Hallier, aujourd'hui général, a pu noter de nombreuses particularités sur ce très important déplacement de troupes. N'assistions-nous pas ainsi à la mise à exécution du projet qu'annonçait six jours avant le correspondant en Autriche du *Bund* de Berne, lequel « avait appris de la meilleure source que le 14ᵉ corps d'armée austro-hongrois devait aller en Alsace pour combattre contre la France » ? Et ceci ne s'accorde-t-il pas enfin avec cet aveu de l'officier supérieur chargé du commandement, que des batteries de mortiers autrichiens, réunies à Cologne le 15 août, ont bombardé, le 21, les forts de Namur ?

A supposer que ces troupes fussent les seules en cause, le comte Berchtold pouvait en somme, sans trop offenser la vérité, déclarer jusqu'au 11 qu'aucune force militaire n'avait encore été dirigée vers nos frontières ; mais, c'est chose certaine, toutes les dispositions étaient déjà prises (ce qu'il ne devait pas ignorer) pour que la mise en mouvement commençât au plus tard le lendemain.

Les états-majors débrouilleront, si ce n'est déjà fait, ces histoires d'effectifs en déplacement et tireront au clair lesquels étaient employés sur tel point et à tel jour. Pour nous, ce qui est à observer dans l'affaire, c'est le début du système d'enveloppement dont on a vu, depuis, les progrès successifs. Avant même que le gouvernement austro-hongrois sût au juste s'il était impliqué dans le conflit, ses troupes se trouvaient, fictivement au moins, amalgamées et enchevêtrées avec celles de l'Allemagne. Pas d'échappatoire possible pour se soustraire à la complicité ; compromise, brusquée et rudoyée, l'antique monarchie danubienne se sentira entraînée sous la poigne teutonne jusqu'à la désagrégation finale.

On prévoyait bien à Berlin qu'au train qu'elle aurait à suivre, elle risquait de se disloquer. Parlant de cette éventualité, un diplomate allemand ajoutait plaisamment : « Soyez sûr que, si ce malheur lui arrive, nous nous arrangerons pour en ramasser le plus gros morceau ». Pas un Autrichien n'était de force à se maintenir sur le pied d'égalité avec de pareils alliés. Ce serait une grave injustice de trop s'en prendre au comte Berchtold. Le règne de son vieux souverain n'a été que la longue préparation d'un désastre. Quand le pouvoir lui échut par une inadvertance de François-Joseph, la catastrophe n'était plus évitable : tout au plus peut-on penser qu'il en a un peu avancé la date.

Les hautes fonctions qui l'accablaient, il ne les avait d'ailleurs pas convoitées ; s'il a dû contre son gré faire figure d'homme d'Etat, il en a rarement pris l'attitude. Il savait que cela lui seyait mal. C'est en maître de maison aimable, souvent enjoué, qu'il se montrait plus volontiers, fuyant les soucis, ne demandant qu'à écarter les motifs d'inquiétude, priant qu'on l'y aidât. « Croyez-vous qu'on s'en tirera sans coups de canon ? » me disait-il en 1912 quand déjà il se sentait débordé par les impétueux Balkaniques. Je m'avouai optimiste par principe. « J'en suis ravi, car je penche plutôt vers le pessimisme, et j'aime à m'entourer de ceux qui voient en rose ce qui m'apparaît en noir ».

Autre circonstance atténuante. Dans les conseils de son gouvernement, l'insignifiance de ses collègues a fait retomber sur lui la charge de tous les pouvoirs. Très lourd pour les plus robustes (le comte d'Aehrenthal était mort à la peine), le fardeau eût écrasé Berchtold, s'il avait entrepris à lui seul de le soulever. Héroïque imprudence qu'il ne commit pas.

A peine pouvait-on soupçonner qu'il fût subordonné à un président du conseil ? Ce personnage fantomatique, le comte Sturgck, souffrait d'une maladie d'yeux, et s'était toujours confiné dans l'obscurité. A l'inverse du sort commun, la mort l'a retiré du néant. En l'assassinant, le socialiste Fritz Adler a révélé son existence. A ces deux ministres, l'un authentiquement atteint de cécité, l'autre, si faiblement clairvoyant, s'applique curieusement la parabole illustrée par Breughel : « Laissez-les. Ce sont des aveugles qui conduisent des aveugles... Ils tomberont tous dans le fossé ».

Que ce dénouement les menaçât, ce fut à peu près évident dès les premiers jours de la guerre. Eux-mêmes ne calmaient leurs appréhensions qu'en se pénétrant de l'idée d'un devoir à accomplir. Lorsque je pris congé d'un des principaux adjoints au ministère de qui la droiture, la pondération, l'honnêteté des sentiments m'inspiraient une profonde estime, je le trouvai d'une froideur si officielle que j'allais sortir, pour la dernière fois, de son cabinet, sans autres paroles échangées que des formules de glaciale politesse. Cette contrainte m'était pénible. Je sentais que lui aussi en souffrait. Mais il ne m'appartenait pas d'y rien changer, puisque son pays liait sa cause à celle d'un État agresseur du mien. Au moment où je franchissais son seuil, il me retint, et d'une voix que l'émotion faisait trembler : « Laissez-moi vous parler encore en ami, me dit-il. Croyez que nous ne pouvions agir autrement que nous l'avons fait. En Serbie, en Russie, dans tous les pays slaves et dans quelques autres qui les soutiennent, la conviction s'est établie que l'Autriche-Hongrie se disloque et que sa désagrégation complète ne serait plus l'affaire que de quatre ou cinq ans. Mieux vaut précipiter la catastrophe que tolérer qu'on nous regarde comme condamnés. On nous a réduits à la nécessité de prouver que nous sommes encore capables d'un vigoureux effort. Dieu sait pourtant que nous désirions épargner à l'Europe et à nous-mêmes la crise où nous voilà lancés !... »

Le préjugé qui faussait sa vue, l'orgueil ethnique dont il s'inspirait encore n'importaient plus. Il cessait pour un instant d'être un adversaire. Sous la pression d'un sentiment plus fort que sa conscience de fonctionnaire, il me confiait son angoisse ; la franchise de l'aveu ravivait la sympathie entre nous. Des relations qui ne se renoueront jamais purent du moins se terminer sur une loyale et sincère étreinte.

Avec le comte Berchtold, ces effusions n'étaient permises ni par sa haute position, ni par son tempérament. Toutefois, la réserve que j'en attendais fut dépassée par la correction surprenante de son maintien. En ces minutes décisives, je l'observais avec une attention intense. Ne sentait-il pas que, la partie à peine engagée, il avait, lui, perdu déjà son enjeu personnel ? Il n'avait pas plus su retenir la Roumanie que décider l'Italie à marcher ; abandonné de ces deux côtés, une très courte expédition contre la Serbie eût été le seul effort militaire qu'il pouvait entreprendre. La nécessité l'aurait obligé à s'y restreindre, mieux encore que sa modération. Mais violenté par ses alliés allemands, voilà qu'il était engagé malgré lui dans une mêlée générale, dont il ne pouvait ignorer que son pays ne supporterait pas le choc. Jamais chef du pouvoir ne s'était trouvé aussi amoindri, annihilé. Et pourtant, pas un mot, pas un geste ne révélait qu'il en fût troublé. L'air ennuyé, c'est, dans la gamme des émotions, la seule qu'exprimait son visage, un peu plus blafard peut-être que d'ordinaire.

Mais sa politesse ne fut pas inférieure à son impassibilité ; ses procédés restèrent jusqu'à la fin ceux d'un impeccable gentilhomme. On a cru, bien à tort, que l'ambassade de France à Vienne a souffert de grossièretés pareilles à celles dont M. Jules Cambon et son personnel ont eu à se plaindre au départ de Berlin. Les Autrichiens protestent vivement, et ils en ont le droit, quand on les confond avec les Allemands du Nord. Le comte Berchtold tint à me donner lecture d'un télégramme en français du comte Szeczen : « M. Doumergue, annonçait celui-ci à la date du 10 août, m'a offert de mettre un train à ma disposition pour quitter la France... J'ai constaté que le rappel de M. Dumaine et mon départ constituaient interruption des relations diplomatiques. Le Ministre m'a assuré que je serai traité avec tous les égards, et que toutes facilitations (sic) possibles seraient accordées pour voyage. Il espère que M. Dumaine sera traité de même façon. En constatant parfaite courtoisie du Gouvernement de la République envers ma personne, je prie Votre Excellence de vouloir provoquer mesures analogues pour ambassadeur de France ».

Je demandai aussitôt qu'une cinquantaine de Françaises, professeurs et institutrices, toutes ardemment désireuses de partir sous la protection de leurs représentants, fussent autorisées à profiter du train spécial qu'il fallait organiser, les transports étant entièrement supprimés pour les civils. Le comte Berchtold y consentit sans difficulté. Mais, le même jour, il se fit excuser de ne pouvoir tenir sa promesse. L'autorité militaire avait opposé son veto, sans expliquer à quoi correspondait cette rigueur. L'envoyé chargé de m'en informer avouait qu'il en était honteux pour l'armée de son pays. Ce me fut un regret très grand d'avoir à laisser à Vienne ces pauvres femmes épeurées : un peu plus tard, la mobilisation étant achevée et le trafic ayant recommencé entre l'Autriche et la Suisse, la plupart d'entre elles obtinrent d'ailleurs la permission de rentrer en France.

Ceux de nos compatriotes qui ont dû résider par force en Autriche pendant la durée de la guerre y ont été traités humainement. A l'exception d'un très petit nombre, internés ou confinés pour raisons politiques, ils ont pu rester dans les familles où ils étaient employés avant 1914. Les dépôts confiés à des amis autrichiens ont été conservés et restitués avec exactitude. C'est un devoir de le reconnaître. De ce qu'ils manquent d'ardeur dans les passions qui les ennobliraient, les Autrichiens sont par là même exempts de haines violentes ; jamais ils n'atteignent aux extrêmes.

Beaucoup des personnes qui avaient fréquenté l'ambassade s'empressèrent, durant les derniers jours, de nous apporter l'expression d'une sympathie que quelques-unes allaient jusqu'à manifester à un degré embarrassant. Dans ces âmes exclusivement vouées à une affable mondanité ne pénétrait pas l'idée d'un inconciliable dissentiment. Cette guerre, pour laquelle prenaient déjà les armes presque tout ce qu'il y avait d'hommes valides en Europe, ne leur apparaissait encore que comme un désaccord passager concernant surtout les états-majors et les chancelleries. On se refusait à croire qu'il dût en résulter plus qu'une interruption momentanée dans des relations à l'agrément desquelles on ne consentait pas à renoncer. Pourquoi tenter l'effort inutile d'expliquer à ces aimables gens la différence de nos émotions ? La leur laissait intacte la bonne grâce du sourire, l'aménité de l'au revoir. Formuler ce que nous pensions eût été, envers eux, d'une incivilité farouche. Il fallut pourtant se soustraire à quelques trop intempestives démonstrations.

Au surplus, les indispensables dispositions à prendre avant le départ, avec l'aide du seul collaborateur qui me restât, absorbaient tous les instants, de jour et de nuit. J'avais à remettre la protection des intérêts français et des archives de l'ambassade à mon collègue des Etats-Unis, Mr. Penfield. L'apposition des scellés français et américains sur les coffres-forts, sur les bibliothèques et sur les cartons innombrables où depuis un siècle la correspondance était classée, la destruction des tables de chiffres, la confection de notes et de listes pour signaler les établissements et les compatriotes particulièrement dignes de la sollicitude des représentants américains, et mieux encore les encouragements à distribuer à tant de nos nationaux retenus de force en Autriche et affluant de partout, c'est à quoi s'employa la fin de mon activité professionnelle : besogne triste comme un inventaire après décès, à laquelle moi, le *de cujus*, je présidais. Un sursis d'au moins vingt-quatre heures était nécessaire pour y suffire. Le départ se trouva ainsi remis au 12 août, à huit heures du soir.

L'aimable chef-adjoint du cabinet du comte Berchtold, le comte Feri Kinsky, vint me prier de me prêter à quelques précautions pour gagner la gare. On craignait des manifestations hostiles qui, même inoffensives, eussent compliqué la rupture. Afin de ne pas désobliger l'intermédiaire, mais à regret, je consentis à ce que nous sortissions de l'ambassade séparément, dans des voitures de louage. La foule peu compacte, plus curieuse que redoutable, ne parut vraiment pas menaçante pour notre sécurité. Le serait-elle devenue, provoquée par des cocardes tricolores et les plumes au chapeau de mon chasseur ? La fureur populaire à Vienne se satisfait presque toujours avec des criailleries, des quolibets et des sifflets ; elle ne s'élève pas jusqu'aux voies de fait.

En les qualifiant d'institutrices, gouvernantes, femmes de chambre au service de ma famille, j'avais réussi à faire délivrer des passeports à certaines des plus à plaindre parmi nos compatriotes. Nous étions 28 Français dans le train spécialement organisé pour l'ambassade, plus deux ou trois inconnus à mine significative ; la surveillance qu'ils exercèrent d'une façon polie et ridicule pendant la route attesta que l'État austro-hongrois a toujours tenu la police pour la plus solide de ses colonnes d'appui.

Sur le quai de la gare, quelques rares amis, l'ambassadeur d'Angleterre et lady de Bunsen, qui devaient partir deux jours plus tard, les ministres de Suède, de Suisse, l'attaché militaire américain, ainsi que sa femme. Et, jusqu'au dernier moment, pour représenter le ministère des Affaires étrangères, le même Kinsky, s'assurant que rien ne manquerait au confort du voyage. Sa parfaite affabilité et les sentiments fidèlement affectueux des quelques collègues qui s'associaient à notre émotion, ce sont les impressions qui, dans ces instants si pénibles, mêlèrent un peu de douceur à notre angoisse. Qu'allions-nous apprendre, hors d'Autriche, sur les débuts de la lutte formidable où la France risquait ses destinées ? Depuis deux semaines, nous n'en recevions de nouvelles que par les journaux ennemis, mensongers avec impudence, mais se démentant souvent eux-mêmes, par bonheur, à force de trop évidente mauvaise foi. L'ordre de mobilisation, affirmaient-ils par exemple, avait déterminé le soulèvement du pays tout entier. Quoique accueillis par nous avec une incrédulité indignée, ces bruits odieux d'une France en révolution quand l'Allemagne l'attaquait nous maintenaient dans un trouble atroce. Quelle part de réalité, si réduite qu'elle fût, aurions-nous à constater ? Aux pires appréhensions s'opposaient les espérances les plus démesurées. Chacun de nous, renfermé dans ses pensées, s'imposait un calme apparent sous l'œil des adversaires qui nous observaient.

Notre train n'employa pas moins de trente-six heures pour atteindre la frontière de la Suisse. Jusqu'à Innsbruck, la marche en était arrêtée à tout moment pour laisser passer les immenses convois militaires. Les troupes qui les encombraient dans une très pittoresque indiscipline avaient enguirlandé de feuillage les voitures et les grosses pièces d'artillerie. En grand désordre, les soldats, accrochés aux marchepieds ou courant sur les plates-formes, se passaient des bouteilles ou des fruits. Sur tous les wagons, écrites à la craie, des injures contre les Serbes ; pas une insulte à la France. Souvent, les hommes trompés par le luxe de notre train, avec ses salons et son restaurant, nous acclamaient comme des archiducs ; parfois, ceux qui se renseignaient, nous narguaient et nous huaient, mais sans grande méchanceté. A une seule station, un zélé chef de gare s'efforça de provoquer une manifestation anti-française ; quelques femmes brandirent leurs ombrelles, ce fut à peu près tout.

Le 14 août, à quatre heures du matin, nous arrivions enfin à Buchs, dans le canton de Saint-Gall. J'attendais avec tant d'anxieuse impatience cette sortie des provinces autrichiennes que j'étais déjà debout, prêt à descendre. Malgré l'heure matinale, deux officiers fédéraux en grand uniforme, sur le quai, avaient mission de saluer notre passage : un colonel me complimenta, dans ma langue, sur les premiers succès des troupes françaises, tandis que son adjoint, un capitaine, s'appliqua à me faire entendre en allemand et de l'air le plus renfrogné que toute l'armée suisse était mobilisée, parce qu'on croyait à une imminente violation du sol fédéral par l'armée du général Pau.

A Berne, l'ambassade encombrée de collègues et d'amis, c'était déjà la patrie retrouvée. Quel enthousiasme à la nouvelle de quelques avantages qu'on voulait croire décisifs ! Les Français en Alsace, Thann occupé par nos troupes ! On parlait de l'armée russe comme de l'irrésistible *rouleau compresseur*. Les plus raisonnables calculaient qu'elle entrerait à Berlin, au plus tard, le 20 septembre. Mais un de mes collègues russes, retrouvé dans ce milieu d'allégresse, me donna à réfléchir : je lui montrais un journal annonçant qu'un des principaux amiraux de son pays, faisant une cure à Carlsbad, avait été retenu par les Allemands et déclaré de bonne prise. « N'est-ce pas une perte très fâcheuse pour votre marine ? — Plût au ciel, me répondit-il, que nos ennemis en eussent pris au moins une douzaine de son espèce ! Quel débarras ce serait pour nous ! »

Le lendemain, nous entrions enfin par Bellegarde en France. Vision éblouissante, rien que dans cette petite gare, de toute la nation en arme. Une foule émue, vibrante, mais joyeuse et si saine, sans bousculade, sans gros mots. Une entr'aide générale, des encouragements, des adieux vaillants, des larmes vite essuyées d'un revers de main, des étreintes, des baisers sonores ; nous regardons tout cela avec des yeux extasiés. Le bruit se répand que nous revenons d'Autriche ; on nous prend pour des évadés. Tous veulent nous voir, nous interpellent ; vingt questions se croisent du trottoir aux wagons. Et la mobilisation, comment s'est-elle faite ? « Un vrai miracle, s'exclame-t-on, pas un accident, pas un retard, c'était à croire que les locomotives savaient qu'elles travaillaient pour la France ». Dans un élan touchant, comme pour nous consoler de n'avoir pas été présents durant ces heures merveilleuses, voilà qu'une douzaine de mobilisés, massés devant la portière, entonnent à pleine poitrine une *Marseillaise* qui, sortant de leurs bouches, devient un acte de foi d'une indicible ferveur.

Ah ! les adorables Français, qui nous ont, dès ce premier contact, rendu tant de confiance dans la définitive victoire qu'ensuite, et durant cinquante effroyables mois, nous n'avons pas douté, un seul instant, du triomphe de notre patrie !

VIENNE DEPUIS L'ARMISTICE [1]

Des impressions sommaires sur la capitale d'un empire effondré ne mériteraient pas d'être recueillies, si elles n'avaient été précédées d'une connaissance assez précise de ce que fut avant la guerre cette altière ville impériale. Pour apprécier la gravité d'une maladie, souvent il suffit d'avoir déjà fréquenté le patient quand il était encore en état normal. Même cherchât-il à faire illusion et si l'apparence de la santé subsiste, on juge de l'usure des organes à quelques signes extérieurs : l'altération des traits, la décoloration du visage, le fléchissement de l'allure. C'est à cet examen sommaire sur Vienne que j'ai pu m'adonner pendant les premiers jours du printemps.

Ni la défaite, ni la révolution n'en ont entamé la futilité. Avec une égale insouciance les Viennois ont vu s'écrouler l'antique maison des Habsbourg et l'édifice délabré qu'était la monarchie dualiste. Une population vidée à ce point de sentiment national, d'orgueil patriotique, d'attachement à ses souvenirs

(1) Publié dans le *Correspondant*, 10 juin 1919.

historiques, est un phénomène tout à fait déplaisant. Mais avant de la juger avec rigueur, que l'on se rappelle combien elle était mal préparée à de tels revers et quelle pernicieuse éducation l'avait pervertie et puérilisée.

Certains, par contre, voudraient qu'on la louât d'être si maniable, si docilement résignée. Ce serait lui faire honneur de qualités négatives. Les Viennois en sont restés à la gracieuse et égoïste étourderie de l'enfance. C'est affaire à leurs gouvernants, comme aux grandes personnes pour les tout petits, de prévoir et d'écarter les dangers, de subvenir au nécessaire, d'arranger ce qui se détraque. Eux ne connaissent pas plus les inquiétudes que les regrets. Ils ne s'affectent que s'ils se sentent directement atteints.

Quelle est donc leur attitude devant leur déchéance ? Aucune marque d'animosité ou de colère soit à l'égard des adversaires victorieux qui circulent fort à l'aise dans la capitale, soit contre les vestiges de la dynastie auteur et victime du désastre. A peine, de loin en loin, au fronton d'un monument, une couronne ou un blason sont-ils couverts d'une toile qu'on enlèverait aussi vite qu'on l'a posée, si les emblèmes monarchiques redevenaient à la mode. Ni livres, ni journaux, ni caricatures n'insultent l'ancienne famille régnante. Une seule affiche choque comme une incongruité : c'est une réclame pour un périodique où s'exhibe une femme débraillée assise sur un trône renversé et brimbalant au bout du pied le diadème de l'empire.

Même indifférence à l'égard des militaires anglais, américains, français ou même italiens mêlés à la foule et qui remplacent les fiers lieutenants de jadis, guindés, plastronnant, à jamais disparus L'irréprochable correction des Britanniques en uniformes kakis, l'allure bon enfant des nôtres dans leur tenue bleu horizon n'attirent pas plus l'attention que le coudoiement des Italiens aux costumes vert-de-gris, au teint bistre ou citron, laidement coiffés de casquettes moulant le crâne. De beaucoup ils sont les plus nombreux parmi les soldats étrangers : carabiniers, *bersaglieri*, artilleurs ; « l'ennemi héréditaire » a tenu à en montrer de toutes armes. Leur état-major, en prenant gîte à l'Hôtel Impérial, y a ramené la vogue. Le général, très soucieux de la prééminence de sa mission, y donne des banquets agrémentés de musique ; et les dîneurs viennois, qui bénéficient du concert, s'en félicitent comme d'une heureuse chance.

Il y eut assaut d'empressement pour offrir aux missions militaires des palais où elles s'installeraient. Les archiducs ne furent pas les derniers à proposer les leurs, désireux par ce moyen peu glorieux, mais pratique, de se prémunir contre d'indiscrètes réquisitions.

Sur le Ring, au tournant de la Kärthnerstrasse, la foule des promeneurs oisifs et musards est tout aussi dense que par le passé. Les théâtres et les cinémas continuent d'être fréquentés. La direction de l'Opéra étant vacante, et la candidature de Richard Strauss très âprement discutée, les controverses sur ce point ont passionné l'opinion ; en tête des journaux, pour la circonstance, reparaissaient les manchettes aux lettres grasses qui servaient les jours de grandes batailles. Dans les cafés, les clients encombrent encore les salles à toute heure. Mais, au vrai, hommes et femmes, assis autour de verres d'eau qui remplacent le célèbre *mélange*, semblent n'y prendre qu'un médiocre plaisir. Le désœuvrement et l'habitude les y poussent. « Ils perdent leur temps aussi méthodiquement qu'ils l'emploient », disait d'eux Mme de Staël qui pourtant s'appliquait à les juger avec bienveillance. Ne sachant pas être tristes, ces gens réputés joyeux n'atteignent qu'à la maussaderie.

Il ne faut pas s'y tromper. Si elle n'a pas pris conscience de ses malheurs, Vienne ressent à un degré fort pénible les rigueurs du rationnement et de la cherté des vivres. Depuis au moins trois ans, ses habitants sont astreints à une alimentation insuffisante et mauvaise. Pas un, jusque dans les classes les plus favorisées, qui n'en pâtisse. Et ce qui pour ceux-ci n'est que gêne, incommodité ou malaise se transforme pour le peuple ou plus encore pour la petite bourgeoisie en souffrances tout à fait cruelles. L'anémie, la consomption font de mortels ravages. Plus de lait pour les enfants ; ni viande, ni graisse pour les adultes ; du pain lourd et difficilement digestible, des raves, peu de bière et de qualité inférieure, comment à ce régime résisteraient la belle humeur et les fraîches couleurs des Viennois ? Leur badauderie seule persiste, et c'est à ces obstinés promeneurs aux jambes avachies, dont les membres mous flottent dans des vêtements trop larges, que Vienne doit de conserver un peu de son aspect d'autrefois.

Les édifices de cette ville de tant de somptuosité factice n'échappent pas non plus au contre-coup de la guerre. Bâtis avec des matériaux sans sincérité, ils s'écaillent et s'effritent, faute de badigeon. La fausse pierre de taille, le simili-marbre, le bronze en toc se fendillent, s'écorniflent aux entablements, aux balustres, aux balcons ; le placage des murs s'en détache comme l'écorce des platanes. Partout la brique friable reparaît sous l'enduit. Privée de ses ravalements annuels, la ville a pris l'air d'une coquette vieillissante, surprise avant d'avoir refait son maquillage.

Les monuments du dix-huitième siècle, dont aucun, hormis la vénérable cathédrale de Saint-Étienne, ne remonte au delà de Marie-Thérèse, ont mieux enduré les intempéries. Ils datent d'un temps où l'on croyait encore à l'avantage de bâtir solidement. Depuis lors, la fiscalité autrichienne a fait revenir de cette opinion. En effet, toute construction nouvelle est exemptée d'impôts pendant dix ans ; passé ce délai, il faut verser à l'État environ 55 pour 100 du rendement de l'immeuble. Plutôt que d'être ainsi rançonnés, beaucoup de propriétaires préfèrent, tout calcul fait, démolir et rebâtir dès la période décennale écoulée. Devenant complices des entrepreneurs, ils n'admettent dans la confection de ces maisons de courte durée que le carton-pâte et le papier mâché. Les malfaçons disparaissent dans les gaufrures et les moulages. C'est, sous la direction des plâtriers, le triomphe du postiche. De là résulte qu'une partie de la fastueuse Vienne n'offre pas plus de résistance aux hivers que les palais éphémères d'une exposition. Demeures et habitants, pareillement inconsistants, n'ont pas été fabriqués pour les épreuves.

[*]

Le souci qui obsède Vienne est, avant tout, celui de l'incertitude du ravitaillement. Puis vient, mais loin derrière, la crainte du terrorisme comme en Hongrie. A la distance de 45 kilomètres s'ouvrent des régions livrées à la fureur dévastatrice des bolcheviks. Cette effroyable jacquerie gagnera-t-elle l'Autriche ? C'est l'autre préoccupation, strictement égoïste, qui émeut aussi les esprits. Du malheur des Hongrois personne n'a cure ; tout au plus s'abstient-on d'en plaisanter. La Hongrie refusait son grain pour nourrir l'Autriche ; qu'aujourd'hui elle endure la faim, ce ne sont certes pas les Autrichiens qui s'en affligent. Ils s'inquiètent seulement de la contagion des désordres.

La faiblesse de leurs gouvernants ne les en préserverait pas. Ceux-ci, sans autre force publique que quelques milliers de sergents de ville débilités par la disette, ont laissé se constituer une milice prolétarienne, une *Volkswehr* d'environ 16.000 hommes, véritables apaches, affirme-t-on, très redoutables pour l'ordre qu'officiellement ils ont mission de protéger. Ces janissaires de la révolution, bien nourris, grassement payés, multiplient les perquisitions sous prétexte de réprimer les accaparements et confisquent à leur profit les denrées qu'on ne réussit pas à leur cacher. Le gouvernement s'en effraye et, après les avoir munis de fusils et de mitrailleuses, voudrait les leur supprimer ; il n'en a pas la force et les ménage, afin qu'ils le laissent lui-même se survivre. On ne sait en faveur de qui ils agissent ; dans l'émeute du 17 avril, un groupe de ces miliciens a pris parti pour les assaillants, tandis qu'un autre défendait le Parlement et empêchait que le feu y fût mis.

Au surplus, l'incohérence est pareille parmi les prétendus détenteurs du pouvoir. Deux d'entre eux, dont l'un est le chancelier, chef théorique de l'Etat, sont supposés représenter la modération et le goût d'une certaine discipline ; et deux autres, les ministres des Affaires étrangères et de la guerre, sont soupçonnés de connivence avec les communistes, d'accords secrets avec Bela Kuhn, le dictateur qui terrorise la Hongrie. Entre les maîtres de Vienne et de Budapest, d'autant plus faciles sont les conciliabules qu'un service d'avions fonctionne deux fois par jour d'une ville à l'autre, en moins de cinq quarts d'heure.

Le programme de ces dangereux bergers, s'ils en ont un, reste entièrement ignoré du troupeau autrichien. Est-ce une nationalisation des biens qu'ils préparent ? Ou s'en tiendront-ils à quelques tentatives de réformes sociales, d'apparence philanthropique ? Leurs moyens d'action sont trop limités pour qu'ils tentent un bouleversement général ; et leur inexpérience est si grande que leurs timides essais n'aboutissent qu'à irriter les possédants, sans satisfaire les prolétaires. On en peut juger, par exemple, d'après la limitation des heures de travail pour les serviteurs, avec salaire supplémentaire quand est dépassée la durée réglementée du service. Le seul effet constaté a été une immédiate réduction des domestiques employés. D'où, de la part de ceux qui restent sans ouvrage, les plaintes les plus acerbes contre le nouveau régime.

Aucun pays n'est plus mal préparé que l'Autriche à des expériences socialistes. Elle n'a produit ni les farouches théoriciens de l'Allemagne du Nord, ni les dangereux rêveurs de la race slave, ni les classes ouvrières à demi éclairées et toujours ardentes aux revendications de l'Europe occidentale. On s'y contente d'apparences, qu'on ne cherche pas à ajuster à la réalité. Pendant l'automne de 1912, un de nos députés du groupe des unifiés, déjà très en vue et que la guerre devait investir de pouvoirs gouvernementaux, était venu à Vienne pour assister, comme *visiteur*, à un congrès de ses coreligionnaires. Quel fut son ébahissement à la séance inaugurale ! « Croiriez-vous, me confiait-il, qu'avant d'ouvrir les débats, ils ont fait une prière pour la santé de l'empereur ! » Aussi était-ce presque sans ironie qu'on les qualifiait de « social-démocrates impériaux et royaux », de même que tous autres bons fonctionnaires de la monarchie.

Quoi que pensent d'eux-mêmes ces soi-disant révolutionnaires, ils n'ont, comme la plupart de leurs compatriotes, que des âmes de subalternes. Tous se complaisent à révérer les classes supérieures. Les doter d'un régime parfaitement égalitaire serait abolir leur raison d'être. La joie, presque l'orgueil de chacun, du bas en haut de l'échelle, est de converser avec un plus élevé que soi, d'en recevoir un ordre, de lui prodiguer des appellations honorifiques. La formule nationale de *Küss die Hand* (je vous baise la main) tient lieu de bonjour, d'au revoir, de remerciements ; et très souvent le geste accompagne la phrase. Des femmes, même d'une condition moyenne, baisent réellement la main d'hommes haut placés. Il faut de l'énergie pour se défendre de ces trop nombreuses effusions de la part des humbles. L'attitude favorite est de s'incliner, de se courber, de saluer très bas, pour faire voir qu'on est connu de gens importants.

Sur une population aussi assouplie, et pour ainsi dire désossée, quand elle s'enhardit à des manifestations, à des tentatives d'émeute, quels mobiles ont agi, si ce n'est l'excès de la misère ? Des meneurs ont pu réussir à attrouper sous les fenêtres du Rathaus ou du Parlement des sans-abri, des sans-pain, des sans-ouvrage. Mais au nom des seuls grands principes aucune agitation n'éclaterait. En vain prônerait-on les bienfaits du syndicalisme, la réduction des heures de travail, la participation du salarié aux bénéfices. Personne ne vibrerait ni ne comprendrait.

Allez donc vous indigner des crimes du capitalisme. Il n'y aura pas d'écho chez les ouvriers de qui ce malfaiteur est tout à fait inconnu.

Cela ne suffirait pourtant pas à garantir l'Autriche du bolchevisme. L'indigence de ses convictions et sa molle passivité l'y peuvent rendre tout aussi accessible que, pour d'autres, la violence des haines et l'insubordination. Evidemment, elle n'est le pays ni des négations audacieuses, ni des vaillantes affirmations ; ce seraient, pour la paresse des intelligences, des efforts excessifs. Les plus délurés goguenardent ; leur esprit d'opposition se soulage avec des moqueries. Mais la foule moutonnière s'interdit de juger, même de penser.

Depuis le temps où Montaigne en plaisantait, que de boutades plus ou moins féroces, mais toutes méprisantes, on a collectionné sur la mentalité autrichienne ! C'est aussi peu équitable que de déclarer le cheval le plus sot des animaux. Qui donc, si ce n'est son maître, a détruit les dons qu'il tenait de son instinct ? On l'enferme dans des écuries sans lumière, on rétrécit par des œillères le champ de sa vision, on le dirige au moyen d'un mors qui lui meurtrit la bouche ; et, comme pour le ridiculiser, quand on lui a attaché un véhicule au derrière, on le fouaille afin de le décider à tirer, de sorte que la pauvre bête cherchant à fuir fournit justement le genre de service qu'on veut en obtenir. Sous l'effet d'une domestication remontant aux origines de la race, le cheval ne sait plus apprécier les proportions, ni les distances, il s'effare autant d'un papier sur sa route que d'un sérieux obstacle, et se refuse obstinément à se laisser sauver quand son écurie brûle.

On sait sous quel régime ont été maintenus avec persistance les habitants de Vienne. N'est-ce pas, sauf le fouet, le même qui a réussi à rendre les chevaux stupides ? Alors que les gouvernants se sont employés depuis si longtemps à détruire la volonté des gouvernés, à supprimer leur capacité de résistance, les maîtres actuels du pouvoir ou ceux de demain trouveront tout autant de facilité que la bureaucratie impériale à les manier. C'est là qu'est le danger. Les Autrichiens s'avouent vaincus d'avance, hors d'état de se soustraire au bolchevisme, si on ne les préserve pas de ses atteintes. Leur débilité morale leur semble une excuse qu'ils invoquent sans vergogne. Que d'autres soient énergiques pour eux : ce n'est pas leur affaire de se défendre. « Il y a autant de vices qui viennent de ce qu'on ne s'estime pas assez que de ce qu'on s'estime trop », a remarqué Montesquieu. Vérité frappante pour l'Autriche. Jamais pays ne fut autant à la dérive : c'est une épave flottante abandonnée à tous les courants.

***

Le sort de la Hongrie aux mains des communistes a terrifié ses voisins cisleithans. On calcule que si elle subit toutes les amputations territoriales dont elle est menacée, la Hongrie sera réduite à 41 pour 100 de son ancienne population, tandis que la production agricole tombera à 35 pour 100 de ce qu'elle fut jadis. Le Banat, repris par les Serbes, et les terres grasses situées entre Presbourg et le lac Balaton, réclamées par les Tchéco-Slovaques, constituaient les régions les mieux cultivées et les plus fertiles. Dans le reste du pays, ravagé ou déserté, on n'obtiendra que des récoltes très inférieures comme qualité et quantité. Avec le déficit certain dont souffriront les Hongrois pour leur propre alimentation, c'est pour l'Autriche, qui recevait d'eux son blé, la condamnation à la disette, si ce n'est à la famine, tant qu'elle n'aura pas rétabli des rapports commerciaux avec les pays qui l'entourent.

Plus de 400.000 réfugiés, la plupart « indésirables », ont accru le nombre des habitants à Budapest. On en compte présentement 1.800.000 dans la capitale, tête énorme et disproportionnée sur un corps grêle et affaibli. Près du tiers de cette population urbaine est sans abri, ni ressource, prêt à seconder toutes les entreprises révolutionnaires. On se racontait avec effroi qu'aux mains de ces apprentis anarchistes les armes et les munitions étaient en abondance. Ce sont celles mêmes des troupes qui auraient dû combattre pour le maintien de l'ordre. Quand, après l'armistice, les soldats sont rentrés en Hongrie, ils ont été assaillis, dès la frontière, par des *mercantis* juifs qui leur achetaient à vil prix fusils, grenades et mitrailleuses. Six divisions ont ainsi fondu en un jour, les hommes aussitôt mêlés à la population civile.

Les paysans sont plus réfractaires à la propagande bolcheviste. Mais, dépourvus d'armes, ils ne prennent courage que s'ils ont l'avantage du nombre. Dans un village envahi par quarante gardes rouges qui voulaient réquisitionner les vivres, plusieurs centaines d'habitants les entourèrent, s'en rendirent maîtres et les pendirent tous.

Ces marques de vigueur sont l'exception. Sur beaucoup de points, les gens des champs ont cédé à la tentation du pillage, à la joie brutale des destructions. Plus de quarante-cinq des plus belles résidences seigneuriales ont été détruites, assure-t-on, saccagées d'abord, puis incendiées.

Par la façon dont ils sont cultivés, les domaines immenses appartenant à un même propriétaire ne se prêtent pas au morcellement. Mais on a alléché les paysans en leur promettant le partage des revenus, le seigneur dépossédé ne devant toucher comme dédommagement qu'une infime mensualité, laquelle, en aucun cas, n'excédera 2.000 couronnes.

Aussi presque tous les grands seigneurs terriens, n'ayant plus à sauver que leur existence, fuyaient, affluaient à Vienne, y répandaient la peur. Exagéraient-ils le danger et leur détresse ? A les entendre, on croyait vivre des jours pareils à ceux de Coblence, quand s'y réfugiait l'aristocratie française. Le nom en exécration dans leurs propos est celui du comte Michel Karolyi. Ils lui en veulent plus qu'à ceux à qui il a fini par livrer son pays. Mais comment est-on tellement surpris de ce qu'au pouvoir ce jeune magnat multimillionnaire se soit comporté aussi follement qu'à l'époque où il en était encore à la recherche de la notoriété ? Quel de ses actes, — parmi tant de volte-face, — permettait d'espérer que d'écrasantes responsabilités remettraient en équilibre ses facultés mentales ?

En somme, devant les perturbations révolutionnaires, sans autres guides que d'incapables conseillers, l'empereur Charles semble avoir été presque seul à faire digne contenance. Encore de lui pourrait-on dire comme de Louis XVI : « Le roi n'a qu'un homme, c'est sa femme. » Aux membres de la famille impériale hantés par le souvenir de la grand'tante Marie-Antoinette, il a interdit, aussi longtemps qu'il le put, de quitter l'Autriche où lui-même et l'impératrice se soumettaient, sans protester, aux rigueurs du régime nouveau. Ce stoïcisme n'était pas du goût des archiducs. Plusieurs ont demandé asile dans les légations d'Etats neutres et n'en voulaient plus sortir. Un d'eux, m'a-t-on affirmé, s'est enfui dans un wagon à bestiaux, caché dans le fumier.

Un autre, et non des moindres à cause du suprême commandement dont il avait été accablé, a sollicité le secours de ses ennemis de la veille pour s'évader avec les siens, en tout dix-huit personnes. On lui concéda une voiture spéciale dans un des trains de retour organisés pour le service des missions militaires de l'Entente, qui fonctionnent à Vienne, Prague, Varsovie, Belgrade, Bucarest. Le départ devait être entouré de mystère, le hasard m'y a fait assister, et j'ai pu constater que les dispositions prises s'accordaient mal avec le secret. Au marche-pied du wagon se tenait en faction un laquais immense, selon le type connu pour être celui de la Cour. Du côté du quai, face à deux ou trois douzaines de curieux informés de cette fuite, les stores étaient baissés avec un soin qui eût attiré l'attention des moins prévenus. Des conciliabules, des allées et venues de gens à l'air affairé et tragique achevaient de renseigner sur l'importance des voyageurs qui se dissimulaient aux regards. Au dernier moment, survint un des ministres de l'empire, très décrié et impopulaire, celui que ses compatriotes, avec plus de véhémence encore qu'on n'en a mis chez nous, accusent d'avoir menti ; il tentait avec son fils et deux serviteurs de se faufiler dans le train. Mais, repoussé de tous les compartiments, il risquait de manquer ce départ pour la Suisse, où il voyait son salut. On dut prier l'archiduc de recueillir cet autre fugitif et sa suite. Secours de peu d'effet et de brève durée, car à Feldkirch, le ministre, sommé d'exhiber des passeports qu'il n'avait pu se procurer, fut retenu par les autorités ; elles se contentèrent de le faire rétrograder sur Vienne. Les persécutions n'ont heureusement rien de cruel dans ce pays où les passions sont mitigées par l'indolence.

***

Quand ils ne quittent pas leur pays, les Autrichiens ont une autre manière de l'abandonner. Tous ceux qui peuvent se réclamer d'une des nationalités nouvellement créées s'empressent de le faire. Dans le naufrage de la vieille monarchie, les Etats détachés de ses flancs font office de canots de sauvetage où l'on se précipite. C'est comme Polonais, Italiens, Tchéco-Slovaques, Yougoslaves, voire même Serbes, par conséquent en « petits alliés », que se présentent maintenant à nous nos adversaires d'hier. J'en ai rencontré des douzaines qui m'annonçaient avec joie leur changement de patrie. Leur étonnement était grand de ce qu'on ne les traitât pas de prime saut en vieux amis.

Les Galiciens surtout, mués en Polonais, invoquent, avec toutes les apparences d'une entière bonne foi, la traditionnelle et presque mystique affection, pour ne pas dire tendresse, de leur race envers la nôtre. Ce n'est pas leur faute si l'alliance franco-russe a quelque peu détendu, pendant un temps, cet attachement historique. Au cours de la guerre, la France leur faisait déclarer, disent-ils, que l'indépendance et l'unification de la Pologne étaient des questions réservées à la politique intérieure de la Russie. Quelle autre chance leur restait alors d'échapper à la domination russe et allemande, si ce n'est d'adhérer à un projet de royaume polonais inféodé à la monarchie austro-hongroise et gouverné par l'archiduc Etienne ?

Tout espoir d'obtenir de nous un appui efficace se trouvait momentanément supprimé ; ne leur fallait-il pas se tourner du côté d'où pouvait venir un secours, douloureux d'ailleurs à accepter et peu sûr pour l'avenir, mais le seul qui s'offrait au patriotisme inébranlable des Polonais ? Et n'a-t-on pas vu que, dès que la Russie, par sa défection, a fait se rompre les liens de l'alliance avec la France, la Pologne a repris confiance dans la persistante amitié de notre pays pour elle ? Souples et caressants, inlassables à développer leur plaidoyer, aucun souvenir ne subsiste chez ces Galiciens du constant soutien qu'ils ont fourni dans le Parlement, un demi-siècle durant, à la politique germanophile de l'Autriche. Ce serait plutôt à nous, insinuent-ils, à demander pardon de notre infidélité : mais ils sont trop gracieux pour nous montrer de la rancune.

Pas un de ceux qui s'efforcent ainsi de se faire adopter par l'Entente victorieuse ne manque de mêler à ces démonstrations de dévouement les plus amers reproches contre l'ignorance, l'égoïsme, l'étroitesse de vues et la duplicité de l'Autriche. C'est même d'un effet assez comique dans la bouche d'anciens et très hauts fonctionnaires qui ont consacré leur existence à servir une politique aussi méprisée. Ils peuvent dire, il est vrai, que dans le groupe des députés galiciens l'empire a découvert les meilleurs ou les moins mauvais de ses ministres et que ceux-ci ont été presque toujours contrecarrés par des adversaires à sentiments tudesques.

Ce dont aussi ils s'affligent, c'est d'un reste de suspicion qu'ils remarquent pour la solidité de leurs nouvelles convictions. On se plaint, d'après eux, de la difficulté de recruter un personnel gouvernemental et administratif. Les hommes préposés à ces tâches sont introuvables en Posnanie autant qu'au cœur même de la Pologne. Il ne pourrait en être autrement quand, pendant si longtemps, Russes et Prussiens ont systématiquement écarté les Polonais de la direction des affaires ; d'où une incompétence qui déjà s'accuse d'une façon fâcheuse. Au contraire, la Galicie, grâce à l'autonomie concédée par l'Autriche, se trouve largement pourvue de fonctionnaires expérimentés, capables de diriger les services de l'Etat : que l'on y creuse seulement, et il en surgira d'excellents agents, de même que de ses nappes souterraines de naphte jaillit en abondance le pétrole.

Mais à Varsovie prévaut l'idée que les puissances de l'Entente verraient d'un mauvais œil un trop large emploi des capacités galiciennes. Ne suspecteront-elles pas la fidélité de gens qui ont appris leur métier sous la domination de l'Autriche ? C'est contre quoi protestent ces Polonais qu'on juge de qualité inférieure. Va-t-on continuer longtemps, demandent-ils, à se méfier d'eux, à priver la Pologne d'un précieux recrutement d'administrateurs ? Entre l'aigle blanc et celui à deux têtes, la différence de ces oiseaux emblématiques est pourtant grande ! Les plus agiles et souvent les plus compromis ont bien su, d'ailleurs, se soustraire aux ennuis de cette période de transition. Tels de ces insinuants Galiciens, serviteurs zélés de l'alliance germanique jusqu'à l'armistice, se rangent dès maintenant au nombre de ceux qui proclament, avec raison, qu'on ne jugulera jamais trop fortement l'Allemagne. Leur patriotisme de fraîche date leur vaut déjà d'être pourvus d'emplois de confiance, tout comme ils l'étaient, il y a six mois, dans l'autre camp.

C'est un tort de nos habitudes latines de vouloir apprécier suivant notre logique et notre morale des esprits et des consciences au rebours des nôtres. Eugène-Melchior de Vogüé comparait l'âme slave à la soupe nationale en Russie. « On y trouve de tout..., des choses excellentes et des choses exécrables, on ne devine jamais ce qu'un coup de sonde va ramener de là. Ainsi de l'âme slave ; c'est une chaudière où fermentent des ingrédients confus : tristesse, folie, héroïsme, faiblesse, mysticisme et sens pratique... Vous en retirerez toujours ce que vous en attendiez le moins. » Paroles à méditer, surtout par les hommes d'Etat qui ont entrepris allégrement d'appeler à la vie nationale des peuples dont ils ignorent l'aptitude à jouir de ce genre de bienfait.

*
* *

Créer des nationalités est une besogne qui dépasse de beaucoup le savoir-faire des plus avisés diplomates. Leur embarras n'est pas moindre pour insuffler le désir de durer à un peuple qui s'abandonne et se renie. « Tout vaut mieux que de perdre le nom de nation », disait-on déjà en 1812 aux Autrichiens. Ce n'est pas du tout l'avis de cette dizaine de millions d'êtres. Sans calculer ce qu'il en pourra coûter à leur indépendance, ils réclament avant tout qu'on prenne soin de leurs besoins matériels.

Mais, à vouloir penser noblement pour eux et leur suggérer les solutions les moins discordantes avec les fastes de leur histoire, il apparaît vite que rien n'est très réconfortant de ce qu'on aurait à leur proposer.

Pourraient-ils former le noyau d'une confédération danubienne ? A l'est, la Hongrie victime du communisme, rognée de partout et hargneuse pour longtemps ; au sud, la Yougoslavie encore frémissante de haine ; au nord, la Tchéco-Slovaquie plus hostile encore et en proie à des difficultés dont elle parvient à peine à se dépêtrer ; mauvais éléments pour combiner une agglomération fédérale.

Si ce projet de groupement semble d'une réalisation trop compliquée, une neutralisation de l'Autriche ne conviendrait-elle pas mieux à sa débilité ? Mais, désarmée et sans autre garantie que celle d'accords diplomatiques, son sort serait misérable entre tant de voisins remuants et rapaces : à la façon de cités jadis fameuses dans les décombres desquelles s'approvisionnaient de matériaux les gens d'alentour, elle disparaîtrait peu à peu. On finirait par n'en plus même reconnaître les vestiges.

Le dénouement, qui serait déjà intervenu si le gouvernement de Berlin n'avait eu à défendre sa propre existence contre les assauts des spartaciens, c'est l'absorption dans l'Allemagne ; les Viennois en parlaient comme d'une fatalité désolante, mais inéluctable. La Ligue des nations a résolu d'y faire obstacle. Essayons de prendre confiance dans ce *veto* international, et persuadons-nous que, pour déjouer des intrigues redoutablement compliquées, il suffira d'une vigilance collective.

De ces notes les considérations d'ordre politique sont volontairement exclues. Mais c'est, aux yeux de tous, l'évidence même que les vainqueurs seraient frustrés d'une partie des fruits de leur victoire, si l'Allemagne compensait les diminutions de territoire et de population qu'elle subira d'un côté, en incorporant, de l'autre, l'Autriche germanique.

Ce dédommagement qu'on se promettait à Berlin n'était toutefois entrevu à Vienne qu'avec répugnance. Le Prussien ne vaut pas mieux comme allié que comme adversaire. Pour l'avoir connu sous les deux aspects, les Autrichiens se doutent de ce qu'il serait comme maître. Par lui, ils ne peuvent être qu'exploités, rudoyés, méprisés. Quand Bismarck voulait se figurer le néant des combinaisons humaines en présence de l'inévitable mort, ce qu'il trouvait de plus décisif et de plus affreux, c'est qu'une fois le masque de chair tombé, apparaîtra, disait-il, entre le Prussien et l'Autrichien une ressemblance qui rendra très difficile de les distinguer l'un de l'autre !

Tout fixé qu'on fût à Vienne sur les injurieux sentiments de ces Allemands du Nord, on n'en restait pas moins subjugué, « médusé » par le prestige d'une force brutale intelligemment employée. On aurait cédé à la violence d'une injonction, comme à toute volonté impérieuse. Mais c'en est fini de cette crainte irrévérencieuse, depuis que le colosse oscille sur ses pieds d'argile.

Oderint dum metuant, se plaisait à dire Guillaume II, dans l'orgueil de son omnipotence. Et tous les Prussiens pensaient comme lui. Aujourd'hui qu'on a cessé de les redouter, on les déteste encore plus. Si volontairement crédules par insouciance qu'aient été les Autrichiens, et quoique les derniers à avoir admis que la guerre fût vraiment perdue, maintenant désabusés, ils repoussent l'idée d'une fusion avec des gens haïs et affaiblis. Aucun avantage pour contrebalancer cette aversion. La presse émancipée ne se gêne plus pour le signifier aux politiciens annexionnistes.

D'après une autre combinaison, la nouvelle Autriche, ainsi qu'on nomme déjà les débris de l'ancienne, devrait s'appuyer sur les tendances particularistes des divers États allemands, les amener à s'associer à elle, et s'attribuer dans ce groupement la place principale. Perspective séduisante pour une nation qui aurait encore foi dans son avenir. Mais celle-ci trouverait-elle dans ce projet de confédération un stimulant suffisant pour travailler à son propre relèvement ? Serait-elle assez active pour les initiatives à prendre, assez résolue pour surmonter les résistances ?

On se la représente à la place du jeune et hésitant Hercule dans l'apologue que Socrate attribue au sage Prodicus, quand la Volupté essaye la puissance de ses moyens de séduction. « Evite les combats, dit-elle, méprise les affaires ; une seule te doit occuper, c'est de chercher les mets les plus délicieux, les boissons les plus exquises, ce qui flattera le plus tes oreilles et tes yeux, ce qui chatouillera tes sens avec le plus de douceur... et surtout comment tu pourras unir tant de jouissances sans prendre aucune fatigue pour les rassembler. Voilà les délices que je te promets... » Heureusement pour la morale, une autre femme « de qui la pudeur se peignait dans ses yeux et dans son maintien », la Vertu elle-même, l'interrompt et vante le mérite de l'effort par lequel les mortels atteignent à ce qui est beau et honnête, le prestige de la gloire, l'hommage assuré à la mémoire des hommes vaillants et utiles à leur patrie.

Mais jamais il n'a été permis aux Viennois, très vite persuadés par le premier discours, d'entendre le second. Leurs gouvernants l'auraient jugé exaltant à un degré inquiétant et presque séditieux.

Pour sauvegarder la monarchie du risque de toute opposition, les craintifs conseillers de la couronne ont cru qu'ils écarteraient ce danger s'ils substituaient le culte superstitieux du souverain à l'amour de la patrie, s'ils étouffaient le sentiment religieux sous des pratiques de bigoterie : de propos délibéré, ils ont déprimé les cerveaux, amoindri les consciences, détendu les muscles.

Qui pourrait donc tenir rigueur de sa frivolité à cette population, d'autre part affable, enjouée, et d'un commerce agréable, mais aux qualités systématiquement perverties par des calculs de poltronnerie politique ? Réduite au statut juridique des incapables, il lui est depuis trop longtemps interdit d'intervenir dans le règlement de son propre sort.

Entre les divers expédients à essayer pour prolonger l'existence de ce qui reste d'Autrichiens, c'est à ceux qui entreprennent de reconstruire une Europe nouvelle avec les décombres de l'ancienne de décider duquel on pourrait espérer les résultats les moins précaires.

Vienne, entourée de ce qu'il sera possible de lui attribuer dans le dépècement de l'empire, s'accommodera du lot qu'on lui accordera. La souplesse de son tempérament lui permet de se plier à n'importe quel état de choses. Le peu de morgue qu'elle conserve n'est pas à confondre avec de la fierté.

Mais serait-ce assez de calculer pour elle à quelles conditions son alimentation serait assurée, son industrie de luxe en mesure de fonctionner, la sécurité garantie à ses échanges avec les pays voisins, et sa faillite financière atténuée par un indulgent concordat ? Ou de lui proposer d'être, parmi les capitales, celle de la vie joyeuse, de la musique depuis les grandes symphonies jusqu'aux flonflons de l'opérette, du plaisir même frelaté, un Monte Carlo plus central, une Cosmopolis sans importance politique ni influence morale, mais accueillante et bigarrée comme le plus élégant des casinos ? Elle mérite mieux que ce sort dénué de respectabilité. Parfois, il lui revient en mémoire qu'elle fut le rempart de l'Europe contre l'invasion ottomane. Ce sont ces souvenirs de gloire qu'il importe de raviver. Tout en prenant soin de sa présente détresse, il faudrait déshabituer cette République d'Autriche des pratiques détestables des précédents régimes et lui inspirer l'ambition de devenir une puissance modératrice et tutélaire parmi tant de jeunes Etats naissants dont elle aurait à tempérer la turbulence.

———— ◆ ————

FRANÇOIS-JOSEPH [1]

Quel autre monarque fut victime autant que ce vieil empereur de la malignité du sort ? Investi de l'omnipotence, auréolé d'un prestige sans pareil, il lui a manqué l'âme de son personnage. Jamais on ne le vit à la hauteur d'aucune de ses tâches. En des temps à peu près normaux, c'eût été une noble figure de chef d'Etat ; mais trop de commotions politiques et de sinistres drames intimes acharnés contre lui l'ont montré constamment inférieur aux épreuves, d'ailleurs formidables, qu'il eut à affronter. Même sa mort a témoigné de l'ironie de sa destinée. Deux ans seulement retranchés à sa vieillesse, et il bénéficiait de la déférence et des hommages accordés, souvent sans mesure, à la longévité. Amis et adversaires auraient exalté à l'envi l'influence pacifiante de ce patriarche des souverains ; dans leurs condoléances, la compassion pour ses deuils domestiques se fût entremêlée aux marques de respect pour ses cheveux blancs si longtemps couronnés. Auguste

(1) Publié dans le *Correspondant*, 10 décembre 1916.

par le rang, il était devenu vénérable par l'âge. Son règne avait tant duré que déjà s'atténuait le souvenir des revers, des répressions féroces, des reniements, des humiliations qui en ont signalé chaque étape. Tandis que, pour s'être prolongé jusqu'à présent, sa mémoire risque de demeurer accablée pour toujours sous la responsabilité des maux atroces qu'il ne sut pas épargner à l'humanité.

Si l'apothéose eût été imméritée, néanmoins les outrages qu'on lui a prodigués sont par trop disproportionnés à ses initiatives. L'Histoire — mais pourra-t-on jamais écrire avec impartialité celle de l'exécrable crise où sombra François-Joseph ? — aura le devoir de reconnaître que, dans ses dernières années, tenu par la sénilité à l'écart des machinations préparatoires de la guerre, il fut du moins inlassable dans l'accomplissement consciencieux des fonctions correspondant à ses aptitudes.

Der Mann steigt mit seinem Ziel, « L'homme s'élève en proportion du but qu'il veut atteindre », a proclamé Gœthe. C'est une contre-vérité en ce qui concerne l'empereur. Suffisamment doué pour des besognes moyennes, mais incapable de concevoir un idéal supérieur aux intérêts temporels de sa dynastie ou de sa propre popularité, accessible à d'honnêtes scrupules, mais pas à la pure générosité, il ne s'est jamais haussé jusqu'aux fortes résolutions qui, même condamnables en morale stricte, font la grandeur d'un règne et l'illustration d'un souverain.

Hésitant devant les décisions et plutôt enclin à s'y

dérober derrière l'ambiguïté de médiocres et peu loyaux expédients, tel il fut dès le début de son règne et resta pendant les deux tiers d'un siècle. Dans le grand conflit oriental, du temps de l'expédition de Crimée, il trouva moyen, en étonnant l'Europe par son ingratitude, suivant le mot célèbre de Schwarzenberg, tout à la fois d'ulcérer la Russie qui venait spontanément de sauver son empire, et de s'aliéner l'Angleterre et la France avec qui une entente hardie, lors de l'expédition de Crimée, eût procuré à l'Autriche de fructueux avantages. Par trouble de conscience et défaut de clairvoyance, c'est dans l'abstention qu'il crut habile de se réfugier. Jamais neutralité n'engendra de plus désobligeantes conséquences. François-Joseph n'en retira que ressentiments et mépris de la part de trois Puissances également déçues.

Plus mal inspiré encore dans ses rapports avec la Prusse, il en fut tour à tour le complice, la dupe, l'adversaire malheureux et l'allié malgré lui. Expulsé d'Allemagne, astreint à subir l'arrogante et vindicative ingérence magyare dans la direction de son Empire, invité dérisoirement à se dédommager de tant de déboires avec le mirage d'une prépondérance dans les Balkans, il n'a été qu'un jouet aux mains de Bismarck, lequel dédaignait d'ailleurs d'en tirer gloire. Car elle est du cynique chancelier allemand, cette boutade à double décharge : « Le Bavarois est quelque chose d'intermédiaire entre l'Autrichien et l'homme ».

Sa malchance fut à peine moindre dans le gouvernement de ses trop nombreux et si bigarrés Etats. Pour qui ne s'est pas imposé l'étude fastidieuse du droit constitutionnel de la monarchie austro-hongroise et n'a pas tenté de vérifier *de visu* le fonctionnement de ces rouages d'une effarante complication, il est presque impossible de se représenter à quel point est inopérant un pareil régime. Les Autrichiens, qui se gouaillent volontiers eux-mêmes pourvu qu'on n'abonde pas dans leur sens, sont les premiers à en convenir. « Actuellement, disait l'un d'eux à un ambassadeur qui prenait possession de son poste, vous en êtes au moment le plus agréable de votre mission. Ayant sans doute consulté quelque précis sur les institutions de nos pays, vous vous flattez d'en avoir compris le mécanisme ; mais, après plusieurs années d'observation directe, vous vous désolerez de n'y plus rien comprendre du tout ».

Il y a quarante-cinq ans, un écrivain autrichien singulièrement pénétrant se risquait à publier cette appréciation : « L'Autriche n'est pas réellement inintelligible. Il faut la comprendre comme une espèce d'Asie. Europe et Asie correspondent à des idées très précises. Europe signifie loi, Asie veut dire arbitraire. Europe signifie respect des faits, Asie veut dire le caprice pur. L'Europe est l'homme ; l'Asie est à la fois le vieillard et l'enfant. Avec cette clef vous pouvez résoudre toutes les énigmes autrichiennes (1). »

____

(1) Ferdinand Kürnberger, *Siegelringe*, 1871.

Dans cette mosaïque de royaumes féodaux, parmi ces luttes sans cesse renaissantes de races et de langues, avec la tyrannie anonyme qu'exercent plusieurs milliers de potentats bureaucrates au moyen d'une douzaine de départements ministériels et d'une centaine de divisions d'Etat, comment s'attendre à ce qu'un système de gouvernement, fût-il même d'une perfection idéale, garantisse des résultats satisfaisants ? Depuis longtemps, le scepticisme bon enfant des Autrichiens a renoncé à connaître les bienfaits d'une administration raisonnable. On s'amuse là-bas de ce qu'un jeune homme puisse devenir un vieillard avant qu'il ait été répondu à une requête remise par lui à un département d'Etat. Quand, du fait de l'incoercible inertie des bureaux, la situation apparaît par trop tendue, aussitôt un organe nouveau est hâtivement créé, afin de soulager les agents les plus compromis et de transférer le poids des responsabilités sur d'autres épaules encore intactes. Aussi un premier ministre désabusé répondait-il à un ami anxieux de savoir comment se dénouerait une crise en apparence inextricable : « Faites-moi la grâce de ne pas supposer que je vais tout de suite découvrir la solution la plus bête ; mais ne doutez pas que c'est à celle-ci qu'on en viendra. »

François-Joseph avait acquis une longue expérience de ces conflits, des obstructions, des menaces de désagrégation et de dislocation ; il excellait à se servir, à son heure, du prestige toujours intact de la couronne pour imposer finalement sa volonté et faire prévaloir un arrangement, le plus souvent médiocre et précaire, mais qui permettait de gagner du temps. D'ailleurs, dans ses Etats, la plupart des services gouvernementaux n'ont-ils pas une signification différente de celle qu'on leur attribue, et ne remplissent-ils pas une autre fonction que celle que l'on voit ? L'expérience lui avait appris que les querelles de race et les rivalités ethniques n'étaient, dans beaucoup de cas, que des prétextes à conquérir des emplois bureaucratiques. Elle l'avait aussi pénétré de cette conviction que, tout en essayant des divers systèmes de réorganisation et de régénération de la monarchie, il fallait se garder de croire qu'aucun serait réellement efficace. « En théorie, — disait-il, — c'est peut-être bon ; mais en pratique, ce qui vaut mieux, c'est d'avoir été empereur pendant soixante ans. »

Plein de confiance plutôt que d'une foi sincère dans le principe d'absolutisme, il savait en tempérer la rigueur par le recours aux méthodes empiriques et se contentait aisément d'ajourner et de tourner les difficultés au lieu de tenter de les résoudre. Si parfois s'est affirmée sa prédilection pour l'absolutisme, c'est à cause des facilités qu'il y trouvait pour travailler plus directement à l'amélioration du sort de ses peuples. Nul parmi ses prédécesseurs ne fut plus que lui pénétré de ses devoirs envers ses sujets. Jointe au dévouement à ses hautes fonctions, c'est la qualité dont il est juste de faire pleinement honneur à François-Joseph. Durant presque tout son règne et jusqu'à l'époque où la diminution de ses forces physiques et intellectuelles ne laissait plus à la cérémonie qu'un caractère symbolique, il a donné audience plusieurs fois par semaine à tous ceux de ses sujets qui en appelaient à son équité ou à sa clémence. Sans l'assistance d'aucun secrétaire ou aide de camp, il prenait de la main des solliciteurs les placets et les suppliques dont le tas s'amoncelait sur une table voisine. Grâce à sa merveilleuse mémoire, il se souvenait de toute requête qui l'avait intéressé et ne manquait pas de questionner sur le sort de l'affaire, souvent après un très long délai, le ministre réputé compétent. On en cite qui croyaient s'en tirer avec une réponse vague ou inexacte ; mais l'empereur les en faisait repentir par la précision de ses interrogatoires. Entre autres, M. Wekerlé se distinguait par les licences qu'il prenait avec la vérité. Le souverain s'était abstenu de le démentir, mais soudainement, un jour, il lui demanda l'heure. « Cinq heures et demie, Sire. » Alors, vérifiant à sa montre, François-Joseph se borna à remarquer : « C'est très curieux, il est vraiment l'heure que vous dites ».

**

Sa sollicitude pour les humbles et les manifestations qu'il en multipliait habilement lui valurent cette popularité qui devint le principal élément de succès de son règne. La légende, avec le temps, s'en mêla, et dans les parties les plus reculées de la monarchie se propagea un culte pour l'empereur aussi fervent et irraisonné qu'une idolâtrie. C'étaient même ceux qui ne le voyaient jamais et n'avaient aucune chance de l'approcher qui montraient le plus de fanatisme ; tels les moujiks du fond de la Sibérie pour leur petit père le Tsar, qu'ils adorent comme une divinité invisible parée de toutes les vertus célestes. Dans les huttes de bûcherons des Karpathes ou dans les chalets de pâtres tyroliens furent vraisemblablement versées les larmes les plus abondantes et les plus sincères sur les trépas sanglants de la famille impériale.

Parmi les Viennois moqueurs et frivoles, l'attendrissement, à vrai dire, était moindre pour des douleurs contre lesquelles le public constatait que le vieux souverain réagissait avec vaillance. Il est pourtant certain que c'est à la faveur de cette quasi-adoration dont il était entouré dans tous ses Etats, que François-Joseph a réussi à dénouer tant de redoutables crises intérieures dont, sous tout autre que lui, l'issue aurait pu être fatale au trône des Habsbourg.

Une autre qualité de François-Joseph, plus spontanée, semble-t-il, que sa condescendance un peu calculée pour les petits, aura été son zèle à s'acquitter ponctuellement de toutes les tâches d'un chef d'Etat. Il fut sans conteste un impeccable fonctionnaire. Toujours levé avant quatre heures, lisant et signant des monceaux de pièces, conférant avec ses ministres et ses généraux, assidu à toutes les séances, assemblées et cérémonies quelconques où son auguste présence était sollicitée, infatigable à cimenter la dernière pierre des nouveaux monuments, en quoi consistent en Autriche les inaugurations, inspectant ses troupes, visitant les hôpitaux, accordant d'innombrables audiences, il n'a jamais eu la pensée de se soustraire au moindre de ses devoirs de monarque. Qu'on se représente ce que durent être soixante-huit années d'une vie presque uniquement protocolaire, sans qu'une défaillance ait jamais trahi la lassitude ou l'ennui. Avec quel soin fallait-il que la nature l'eût particulièrement façonné en vue de ces fonctions, pour qu'il y ait si longtemps résisté !

Envisagée sous cet aspect spécial, serait-ce donc, avec le génie des affaires d'Etat en moins, une existence qui imposera le même respect admiratif que la carrière royale d'un Louis XIV ? On sursaute à entendre poser cette question. Un de ces règnes ne ressemble pas plus à l'autre qu'un pastiche allemand de Versailles, bâtisse de briques badigeonnée d'ocre, à l'indestructible demeure du roi soleil.

Pour égaler la grandeur de Louis XIV, il ne suffit pas d'avoir calqué le programme de ses journées. Ce n'est pas non plus de victoires et de conquêtes que dépend la grandeur d'un souverain. Saint Louis, malheureux dans ses entreprises, captif des infidèles, mourant au cours d'une désastreuse expédition, n'en est pas moins, aux yeux de la postérité, un des plus grands parmi les rois. Cette grandeur est conférée par une noblesse de sentiments et un idéal chevaleresque dont à aucun moment François-Joseph ne semble avoir eu conscience. L'écraser d'une comparaison avec saint Louis serait inéquitable. On n'a qu'à lui opposer un de ses contemporains, autocrate hautain et implacable entre tous, l'empereur Nicolas Ier, de qui il reçut, encore adolescent, une magnifique et inutile leçon ; la suite montra qu'il n'en avait pas ressenti la beauté. Dans une entrevue émouvante, en 1833, l'empereur François Ier d'Autriche, inquiet déjà de l'avenir de son trône, avait prié le tsar de conserver à son successeur l'amitié qu'il lui portait. Nicolas tomba à genoux et, élevant sa main droite au ciel, jura de donner aide et secours au successeur de François. Le vieil empereur d'Autriche en fut profondément touché et posa ses mains, en signe de bénédiction, sur la tête de Nicolas agenouillé. De cette scène sans témoin, seul le prince de Windisch-Grætz eut la confidence. En 1848, pendant l'insurection hongroise, il prit sur lui de rappeler à l'empereur de Russie la parole jadis donnée. Le tsar répondit en mettant aussitôt toute son armée à la disposition du jeune François-Joseph, à peine investi du pouvoir impérial et déjà en danger de le perdre (1).

A s'attaquer en Hongrie à l'insurrection de Kossuth, Nicolas Ier éprouvait une double jouissance, tenir loyalement une promesse et combattre la révolution qu'il rêvait d'anéantir partout. Du point de vue politique, chacun en a jugé suivant son opinion ; mais personne n'a nié qu'il n'y eût de la grandeur dans l'immédiate décision du tsar.

(1) Julian Klaczko, *Deux chanceliers*, 1876.

Rien de pareil n'exalta jamais la pensée de François-Joseph, ni n'inspira sa conduite. Tout au long de son règne, à quel programme ne s'est-il pas rallié ? Tantôt à celui d'une fusion de toutes les races par l'armée et la centralisation, au prix d'une compression sans pitié, tantôt à celui de prétendues institutions libérales dont les perfidies d'une loi électorale rendaient par avance le fonctionnement impossible. Que n'a-t-il promis et que n'a-t-il retenu ou repris ? Ayant trop laissé voir à ses peuples que son gouvernement cédait toujours à l'intimidation, il s'appliquait, en les excitant les uns contre les autres, à conjurer le danger des coalitions de races. Il maintenait ainsi séparés les Serbes et les Croates, et fomentait en même temps des dissensions entre Hongrois et Slaves du Sud, ce qui permettait aux Magyars d'opprimer et d'exploiter la Croatie-Slavonie. De même en Dalmatie les Italiens opposés aux Slaves, en Bohême et en Moravie les Allemands aux Tchèques, en Galicie et en Bukovine les Polonais aux Ruthènes ou Petits Russiens. Il avait pris pour devise : *Viribus unitis* ; mais nulle part, en aucun temps, l'immorale maxime « Diviser pour régner » ne fut pratiquée avec plus de sournoise continuité.

Sous ce régime de rivalités et de compétitions, uniquement exploitées au profit de l'élément germanique et du pouvoir central, presque tous les Etats de l'empire s'épuisaient en querelles ruineuses. Isolés, sans industrie ni commerce, privés de voies de communication, ils renonçaient à tirer parti de

leurs richesses naturelles, et les populations, désespérant de leur subsistance sur le sol natal, cherchaient
dans l'émigration un adoucissement à leur misère.
Mais, par le moyen de ces désagrégations régionales,
l'unité territoriale de l'empire se conservait, et François-Joseph n'avait plus à craindre que des aspirations particularistes en compromissent l'intégrité.
C'était, depuis le sacrifice douloureux de la Lombardie et de la Vénétie, sa préoccupation dominante de
sauvegarder et, si l'occasion s'en offrait, de reconstituer, au moins en étendue, le patrimoine de sa
dynastie. Aussi la mainmise sur la Bosnie et l'Herzégovine fut-elle accueillie par lui comme la compensation tant désirée à la perte de ses domaines italiens.
En lui apportant ce dédommagement, le comte
d'Aehrenthal faisait œuvre de courtisan, mais non de
ministre politique ; pour s'assurer la faveur de son
peu clairvoyant empereur, il provoquait délibéré-
ment les redoutables conflits que devait faire surgir
au dehors cette annexion.

Et tous deux, avec une égale imprévoyance, mécon-
naissaient le péril, pour la discipline à l'intérieur, de
poursuivre une politique antislave, tout en ayant une
majorité de sujets slaves à maintenir en ordre.

Chez les gouvernants autrichiens, la faculté de se
faire illusion semble vraiment inhérente à la fonction. A force de tromper l'opinion, tous ou presque
en arrivent à se duper eux-mêmes.

Tel fut le cas avec les Serbes. Afin que le bétail engraissé et exporté par ce petit peuple voisin ne fît pas concurrence aux produits des agrariens austro-hongrois, pendant plus de vingt ans se continua la plus opiniâtre campagne de diffamations et d'accusations mensongères. Docile et crédule, le public se laissa convaincre que, de cette race de parias, il ne devait attendre que vols et fourberies. On lui persuada que la Serbie est un pays sauvagement arriéré, peuplé d'êtres dégradés et répugnants. Des artifices d'une puérilité extraordinaire furent employés à cette odieuse propagande, comme, par exemple, des combinaisons d'horaires qui faisaient ne traverser la Serbie que de nuit par les trains à destination de l'Orient, de manière que les voyageurs ne pussent apercevoir, de Semlin à Nich, des campagnes soigneusement cultivées, des villages prospères aux fenêtres fleuries et une population d'agriculteurs actifs et ingénieux.

Grâce à cet acharné travail de discrédit, tout bon Autrichien en était venu à croire sincèrement que soumettre la Serbie à la purifiante influence de l'administration austro-hongroise serait accomplir une œuvre d'assainissement. Le drame de Serajevo ne fit donc que fournir un prétexte qu'on eût aussi bien tiré de n'importe quel incident de frontière.

Ne serait-ce pas néanmoins exagérer la responsabilité, avec ou sans préméditation, du gouvernement de Vienne que faire peser sur lui toute l'horreur de la catastrophe mondiale produite par l'agression

contre la Serbie ? Peu à peu, les aveux qui échappe-
ront et nombre de documents encore secrets permet-
tront d'établir la part vraisemblablement principale
qu'eut l'Allemagne dans la préparation de cet
effroyable forfait. Dès à présent, c'est pourtant un
devoir de dénoncer celle qui retombe sur un personnage d'ailleurs secondaire et de piètre valeur, disparu
peu de jours avant François-Joseph et dont tout
l'effort fut, en surexcitant l'aversion irraisonnée des
Autrichiens pour les Serbes, de faire éclater la crise
décisive.

Durant toute sa mission d'ambassadeur d'Allemagne à Vienne, M. de Tschirschky mit au service
des sombres desseins de son pays ses rancunes personnelles, transformées en passion haineuse et tenace.
Au Ballplatz, il prétendait parler en maître, régler à
sa guise les destinées de l'Autriche. Tellement impé-
rieuses étaient ses injonctions que M. d'Aehrenthal,
excédé de cette morgue, avait résolu, assure-t-on, de
réclamer de Berlin un moins autoritaire représentant
quand la mort le frappa. Avec le comte Berchtold,
malléable par indolence, la tâche de M. de Tschirschky devint facile, non pas que le nouveau ministre
fût enclin comme lui aux solutions brutales, mais
parce qu'il se laissait imposer toute décision qu'il
n'avait pas la peine de prendre. Et quand l'ambassadeur allemand se fut assuré dans la place la complicité de l'astucieux comte Forgásh, il tint réellement
en mains la direction de la politique austro-hongroise.

Quelle action le vieil empereur, enfermé dans son château de Schœnbrunn, aurait-il pu exercer sur ceux qui s'emparaient ainsi du pouvoir ? Il ne connaissait des affaires que ce que lui en rapportait le comte Berchtold, réduit lui-même, dans son propre département, à un rôle décoratif ; son genre de perspicacité ne pouvait pas l'aider à pénétrer ces intrigues. Au sujet de ce même Berchtold, qu'il n'avait peut-être choisi que par inadvertance, ne faisait-il pas à un étranger ce curieux aveu : « On me dit que l'opinion et la presse en sont mécontentes ; mais, sans doute parce que je suis d'un autre temps, je n'y attache pas d'importance. Il me plaît, je lui ai donné ma confiance, cela suffit » ?

C'est d'ailleurs dans l'appréciation du mérite et de l'emploi à faire des hommes que se révèle une des faiblesses du cerveau autrichien. Presque toujours le talent effraie ; ceux qui passent pour en avoir sont considérés comme ambitieux et enclins aux innovations. La médiocrité est préférée. Les gens sans scrupules ou pires encore ont beau jeu pour se pousser. Il faut recueillir, pour son cynisme comique, cette parole d'un colonel Riedl, maintenu pendant quatorze ans par le général Conrad von Hetzendorf à la tête du contre-espionnage et qui en vendait tous les secrets au dehors. On vantait devant lui la haute valeur de son chef : « D'accord, dit-il, mais croyez-moi, il ne s'y connaît pas en hommes. »

Assez mal servi dans le domaine temporel, le souverain apostolique de la très catholique Autriche n'a-t-il pas cherché un soutien dans l'influence religieuse ? Par égard pour l'Eglise, on aimerait à supposer que le clergé s'est tenu au moins à l'écart, s'il n'a pas dépendu de lui de remédier aux abus et aux oppressions. Mais c'est un devoir d'en convenir, dans cet empire que les âmes pieuses prennent encore pour un des plus fermes remparts de la catholicité, l'Eglise ne figure guère que comme instrument dynastique. Sauf dans le bas clergé où un petit nombre de prêtres tendent à s'affranchir de la domination des évêques et, suivant leurs préférences, à se rapprocher des doctrines soit socialistes, soit ultramontaines, la soumission à la puissance gouvernementale est complète. Sous la crainte d'une extension du protestantisme, dont les promoteurs pangermanistes du mouvement *Los von Rom* ont paru, un moment, des adversaires inquiétants, l'Eglise s'est mise nettement au service du pouvoir. « On n'a jamais trouvé, — remarque M. Wickham Steed (1), — et on ne trouvera peut-être jamais aucune solution définie au problème des relations entre l'Eglise romaine et les autorités politiques des pays où elle est en œuvre ; mais, de toutes les relations possibles, la pire est celle qui fait du clergé la gendarmerie spirituelle de l'Etat ».

La condition du catholicisme sous la domination habsbourgeoise a démontré que, pour dur qu'il soit, ce jugement n'est que juste. Ce serait excéder les limites et la portée de cette notice que d'insister sur

____

(1) *La Monarchie des Habsbourg*. 1 vol., Armand Colin, 1914.

ce point. Il suffit de constater ceci : aux yeux de tous les participants au congrès eucharistique de Vienne, en septembre 1912, même des plus prévenus en faveur de l'ardeur de la foi en Autriche, apparut clairement cette vérité que l'Eglise procédait par ordre supérieur à une immense mobilisation des contingents catholiques au profit exclusif des Habsbourg.

Malgré les drames de son existence plus nombreux et divers que tout ce que l'on parviendrait à imaginer, en dépit des amertumes de son règne, des défaites répétées, de la perte de ses provinces et de son prestige, sûrement François-Joseph n'aurait pas acquiescé à cette opinion de La Bruyère que « la mort a un bel endroit qui est de mettre fin à la vieillesse ». Devant des malheurs sans cesse renouvelés et d'un tragique de plus en plus poignant, sa force de résistance s'est affirmée si infrangible qu'à la longue on l'a soupçonnée de provenir plus de l'indifférence que de la vaillance de son cœur. Aussi faut-il exclure l'idée que la durée de ses ans, y compris les deux derniers de sa vie, lui ait paru excessive. Il n'était pas de ceux qui demandent à guérir du mal de vivre : ce mal, il le supportait avec aisance, et les habitudes, louables ou non, de sa vigoureuse vieillesse l'y attachaient chaque jour davantage.

C'est en somme à cette extraordinaire insensibilité qu'il a dû, sa longue vie durant, de se maintenir au premier rang des grandes figures de son temps. Surprises par la constance de son impassibilité, plusieurs générations le comblèrent de leur compatissante considération. Logiquement, tout autre aurait succombé sous les catastrophes, ou senti, comme un nouveau roi Lear, son cerveau céder sous le choc de tant de coups. Chez les Habsbourg, comme chez les Wittelsbach, que de désordres cérébraux ont attristé et bouleversé ces illustres lignées ! Mais, autour de François-Joseph, les meurtres et la folie ont multiplié leurs attaques sans qu'il s'en soit en rien ressenti. Il a donc pu, jusqu'au dénouement infiniment retardé de son règne, récolter des hommages dont aurait été frustré un souverain d'une plus humaine fragilité.

Très ultérieurement, en des époques de loisirs, si un historien jouit d'assez de calme pour entreprendre de restituer à chacun son exacte physionomie dans un tableau de notre temps, il se pourrait que l'empereur fût célébré, moins comme potentat que comme modèle du chef d'une puissante aristocratie. Peut-être en aura-t-il été le dernier, en même temps que le plus accompli.

Considéré sous ce seul aspect, il apparaîtra inattaquable. Il eut une foi candide dans la vertu d'une antique noblesse et la notion très nette des devoirs qui en découlent. S'il s'attachait à en maintenir les privilèges et le prestige, c'est avec la conviction que ceux qui en sont investis doivent s'en montrer pleinement dignes. Chaque mécompte, et combien furent-ils abondants jusque dans sa propre famille, lui causait une pénible stupeur. Il s'indignait quand un jeune archiduc sollicitait une permutation pour ne pas suivre son régiment dans une garnison lointaine ou inconfortable ; il s'affligeait de ce qu'un autre, envoyé en mission à la cour de Russie, risquât de faire sourire par sa manière de parler le français. L'assiduité et le labeur qu'il s'imposait étaient à ses yeux, pour tous les favorisés de la naissance, la contre-partie du rang qu'ils occupent ; se soustraire aux charges en retenant les avantages le choquait comme une déloyauté.

Imbu de cette haute et noble conception du rang, que d'offenses dont il gémissait au culte sur lequel il veillait ! Que d'archiduchesses enfuies avec des aides de camp ou des précepteurs ! Que de membres de sa famille renonçant volontairement à leurs prérogatives ou que leur indignité l'obligeait à les en dépouiller lui-même ! C'étaient là les drames qui le frappaient le plus directement. La mort violente, reçue de la main d'un ennemi politique, égale la victime au soldat qui meurt en service commandé. Ces crimes attestent la supériorité de ceux qu'ils atteignent. Mais les mésalliances, les déchéances, les disparitions mystérieuses, les noms roturiers substitués à la splendeur d'un titre d'Altesse impériale et royale, voilà ce qui bouleversait le *credo* aristocratique de François-Joseph. Infatigable à réparer les fissures par où se lézardait la maison des Habsbourg, il présidait, toute affaire cessante, aux renonciations solennelles des princesses du sang déchues de leur rang, il atténuait par la collation de titres et de grades le scandale fréquent des unions morganatiques, et souvent aussi frappait de relégation ou d'exil ceux de ses proches dont les fautes n'étaient pas excusables.

Presque aussi douloureuse devait lui paraître l'intrusion dans l'aristocratie d'une foule de parvenus à qui l'intérêt de l'Etat ñe permet pas de refuser l'anoblissement. Ce ne sont pas seulement des services distingués rendus à l'art et aux sciences, ou des créations d'utiles et fécondes industries qu'on récompense de la sorte ; il serait maladroit et parfois impossible de résister à la poussée de financiers soudainement enrichis et fraîchement baptisés qui prennent très au sérieux la plaisanterie d'après laquelle, en Autriche, l'humanité commence au baron. A vrai dire, les particules, les « prédicats » et les titres ainsi obtenus ne font illusion là-bas qu'à ceux qui les portent. Dans l'aristocratie authentique, où l'impertinence sait être souvent spirituelle, on s'entend à faire expier aux anoblis l'honneur auquel ils sont admis. A l'un d'entre eux, siégeant à la Chambre des seigneurs et s'étonnant de ce que l'appellation d'Excellence lui fût parcimonieusement donnée, un de ses collègues répondit : « Dans mon village, il y avait, sur la place, une statue très vénérée de la Vierge. Chacun la saluait, même un juif de la localité. La foudre ayant détruit la statue, on en tailla une autre dans le tronc d'un vieil arbre. Mais le juif s'abstint depuis lors de soulever son

bonnet : « J'ai trop connu, disait-il, le poirier d'où
« elle est sortie. » Non sans raison, l'empereur
comptait que la tradition d'une noblesse soigneusement distante conserverait ses fidèles. Il y était
attaché comme à toutes les autres traditions, dont
l'archaïsme lui plaisait. Il ne toléra jamais un changement au cérémonial, aux règles de l'étiquette, ni
aux usages les plus surannés. Au palais, les bouquets
de bal étaient encore ficelés sur des collerettes de
carton, ainsi que l'avait prescrit Marie-Thérèse, et
c'est aussi d'après une recette de la grande impératrice qu'était élaboré le bouillon, d'ailleurs exquis,
des soupers de la Cour.

Toujours courtois et même délicatement affable,
accessible au populaire, ponctuel envers tous, passionnément épris de ses domaines et de ses forêts,
cavalier d'une incomparable élégance, fervent chasseur jusqu'à l'âge très avancé où il s'aperçut qu'on
le faisait tirer sur du gibier qui n'avait plus d'issue
pour fuir, il aurait mérité de demeurer, dans les
limites de ce cadre, le modèle du grand seigneur
autrichien.

Mais ce qui rompit l'équilibre de ce noble
ensemble, c'est l'héritage du trône. Ses épaules ont
fléchi sous un poids trop lourd ; son intelligence ne
s'est pas élargie à l'étude de problèmes trop ardus
pour elle. Et par des défaillances successives, sa
conscience s'est obscurcie jusqu'à ne plus discerner
ce que, même en matière politique et quels que
fussent les intérêts nationaux en cause, le sentiment

de la dignité eût interdit à tout autre. Ses erreurs
dues à son impéritie étaient pardonnables. La faute
inexpiable, celle par où il déshonora ses défaites, c'est
d'avoir cédé aux offres tentatrices de la Prusse. Dupé,
bafoué, battu par elle, treize ans plus tard le vaincu
de Sadowa s'alliait sans vergogne au nouvel empire
allemand édifié sur l'effondrement du sien. De ce
jour fut marqué d'une tache indélébile ce règne
jusque-là malheureux et dès lors avili (1).

Bismarck avait à tel point courbé sous sa poigne
cet allié résigné à sa déchéance que ses successeurs
ont pu le manier à leur gré. N'ont-ils pas contraint
François-Joseph à devenir l'auxiliaire du Turc, cet
ennemi héréditaire, dont c'était la gloire la plus
incontestée des Habsbourg d'avoir arrêté la ruée sur
l'Europe ? A ce degré d'abaissement, rien n'a plus
subsisté du prestige du souverain, ni même de la
gentilhommerie du grand seigneur.

---

(1) « L'histoire dira que les deux forces qui ont dominé et
dirigé François-Joseph furent celles qui lui avaient porté les
coups les plus durs et les plus retentissants : les Magyars qui
faillirent détruire son trône en 1849, et les Hohenzollern qui,
en 1866, exclurent les Habsbourg des affaires allemandes ».
C'est en ces termes que M. René Pinon a résumé une magis-
trale étude sur le long règne qui finissait dans un désastre.
(Librairie Perrin, Paris).

LE COMTE BERCHTOLD [1]

S'il est entré dans l'histoire, c'est bien malgré lui. Pour son malheur, elle l'a agrippé, le retient, ne le lâchera pas. Elle s'obstinera à déterminer sa part de responsabilité dans le bouleversement mondial. En stricte justice, c'est la condamnation la plus sévère que l'accusé risque d'encourir. Si pourtant l'équité intervient, il bénéficiera de larges circonstances atténuantes. On peut même espérer pour lui mieux encore ; c'est que les juges démêlent, sous les charges qui l'accablent, l'absence de toute préméditation et la violence exercée sur sa débile volonté. Alors on reconnaîtra qu'il ne fut qu'un comparse perfidement poussé au premier plan, incité à des gestes dont il ne mesurait pas la portée, complice sans avoir été consentant, ni conscient. Il pourrait s'en tirer par un non-lieu, terni, mais non flétri.

Dans ses pénétrantes études sur l'Autriche contem-

(1) Publié dans la *Revue hebdomadaire*, 8 décembre 1917.

poraine, M. Wickham Steed fait mention d'un certain comte Czernin, aïeul ou grand-oncle de celui qui dirige la politique étrangère de l'empire austro-hongrois : au moment de mourir, ce gentilhomme se recueillant, on l'entendit murmurer : « Quand le Seigneur me demandera : Qu'as-tu fait de ta vie ? Il faudra répondre : O Seigneur, j'ai tué des lièvres, tué des lièvres, tué des lièvres... C'est vraiment très peu ». Le comte Berchtold dont l'âme est douce serait heureux, lorsqu'à son tour il rendra des comptes au Tout-Puissant, de n'avoir à s'accuser que de la mort de beaucoup de gibier !

Un destin funeste, contre lequel il a lutté de toutes ses forces, l'a contraint de devenir un homme d'Etat. Il n'en éprouvait ni la curiosité, ni l'ambition. A lui tout spécialement s'adapte une appréciation d'ensemble du même M. W. Steed sur l'aristocratie autrichienne. La connaissance de l'étranger qu'elle possède, remarque-t-il, est acquise beaucoup moins par l'étude qu'en parcourant le monde ou par ouï-dire ; elle est entraînée à des voyages lointains par le goût des grandes chasses ou d'autres sports et ajoute ainsi quelque savoir à sa courtoisie innée ; mais, sauf un petit nombre d'exceptions, ses membres jouent dans leur pays un rôle plus décoratif qu'utile. — La plupart d'entre eux dédaignent, en effet, toute carrière, y compris celle des armes à laquelle se résignent tout au plus des cadets de grandes familles. La diplomatie en attire quelques autres, mais surtout pour figurer comme attachés temporaires dans les capitales européennes ou de loin en loin pour représenter brillamment leur souverain à la tête d'une ambassade : le prestige d'un beau nom est la première, presque la seule des conditions requises.

Pourvu de dons agréables, cavalier de belle tournure, en possession d'un rang flatteur dans la société la plus hiérarchisée qui soit, détenteur d'une grande fortune qu'a doublée celle de son aimable et très bienveillante femme, la comtesse Nandine Karolyi, il n'aspirait qu'à jouir sans contrainte de tant d'avantages.

Son château de Buchlau en Moravie est entouré de forêts merveilleuses. Ses immenses domaines en Hongrie confinent à la Moldavie, ce qui lui permettait de parler du châtelain de Sinaïa, le roi de Roumanie, comme d'un voisin de campagne. A gérer ces vastes biens, son activité intellectuelle trouvait un exercice très suffisant. Plus qu'à tout autre, il lui était loisible de vivre pour son plaisir ; c'est avec peine qu'il y a renoncé, et même il n'en a jamais tout à fait perdu l'habitude. Ses amis du Jockey-Club qui s'égayaient de sa transformation en premier ministre prétendaient que, pendant les guerres balkaniques, on ne le voyait vraiment anxieux que les jours où les chevaux de ses haras étaient engagés sur des hippodromes de Vienne ; rarement ils y figuraient en bonne place, ce qui voilait de mélancolie sa physionomie d'homme heureux. Il a souffert, depuis, de déceptions autrement cruelles.

Il était entré dans la diplomatie afin d'occuper

quelques années de sa jeunesse. Son beau-père, resté longtemps ambassadeur, à Londres, lui aura-t-il imposé, comme Laban à Jacob pour mériter sa fille, de persévérer dans la carrière ? Maintes fois le comte Berchtold tenta de s'en évader. A chacune de ses offres de démission il était répondu par un avancement. A Londres, à Paris, puis à Pétersbourg, cette faveur implacable l'a toujours empêché de reprendre sa liberté. C'est au point que, conseiller en Russie au départ de l'ambassadeur d'Æhrenthal, il se vit imposer de lui succéder et, peu d'années après, de le remplacer dans la double et suprême fonction de ministre de la maison impériale et royale et des Affaires étrangères. Si ses collègues de toute nationalité furent surpris de cette inlassable confiance en ses talents, aucun certes ne l'aura été autant que lui.

L'héritage était redoutable à recueillir. Le comte d'Æhrenthal venait de mourir littéralement à la peine. Atteint d'une lente et très grave maladie, il avait bien des fois promis à sa femme, quand il allait au rapport chez l'empereur, de solliciter la permission de se démettre de sa charge. Au moment de parler, jamais il n'avait pu se décider. Pourtant, le 1er janvier 1912, sous le coup de souffrances de plus en plus intolérables et inquiétantes, sa résolution était prise. Mais, ce jour-là, le vieux souverain se montra si particulièrement affable envers son ministre que celui-ci s'abstint encore de réclamer la liberté de se soigner. Peu de semaines plus tard, l'agonie le prenait à son bureau : c'est dans le moment où il se dessaisissait enfin des clefs des plus secrètes archives qu'il mourut, victime de sa fidélité à son maître.

De ce précédent macabre le comte Berchtold était péniblement affecté. Tout sincère que soit son loyalisme, il ne l'incitera jamais au sacrifice volontaire de sa vie. C'est donc très à contre-cœur qu'il prit possession de sa charge. Il n'apportait certes pas d'idées préconçues quant à la direction à donner aux affaires extérieures, non plus que sur la solution des problèmes ethniques de la monarchie danubienne.

On aurait pu croire pourtant qu'il avait pris parti en faveur du dualisme, puisque par une bizarrerie il se trouve en être une personnification vivante. Morave par ses origines, il a tenu à se faire conférer la nationalité hongroise. Très peu de gens cherchent à se rattacher aux descendants des Huns, sauf pour se procurer des facilités de divorce. A lui, par contre, cette naturalisation servit à resserrer son union avec les biens de sa femme qu'il pouvait administrer plus commodément comme Hongrois qu'en qualité d'Autrichien. Elle lui valut, en outre, le droit de porter le seyant costume des magnats. Il en possède de très fastueux, pourpoint de velours, culottes et bottes passementées d'or, pelisse à l'épaule garnie de fourrures précieuses, talpack où la plume de héron est fixée par une agrafe de pierreries. Ces splendeurs d'un autre âge l'amusaient : dans les salons il livrait complaisamment à l'admiration des femmes extasiées ses élégances de hussard somptueux. Mais, travesti ou non, il demeura ce que la nature l'avait fait, un aimable Viennois, très épris des douceurs de l'existence.

Par où se paie toutefois la joie de parader en seigneur magyar, c'est par l'obligation d'apprendre la langue du pays, cette sorte de patois turc, désespoir des philologues. Même au Ballplatz, investi de la direction des affaires, il dut continuer de prendre des leçons, afin de réussir à prononcer correctement une harangue aux assemblées des délégations. De ce que cette transformation en citoyen hongrois n'ait été prise au sérieux ni par ses nouveaux compatriotes, ni par lui-même, on ne peut que le féliciter.

Quoiqu'il gémît souvent sur la somme de travail qu'exigaient ses fonctions, les loisirs ne lui faisaient pourtant pas défaut ; il abandonnait volontiers à ses subordonnés l'étude des affaires et les décisions à prendre. Son action sur son département ressemblait à celle qu'exerce sur son bateau un *yachtman* peu familier avec la navigation et qui laisse à ses officiers et à l'équipage le soin d'assurer la route ; chacun s'en mêle, tandis que lui fait les honneurs du bord à ses invités. Ainsi s'en tirait le comte Berchtold quand il recevait avec une bonne grâce un peu distante les diplomates étrangers.

En quoi surtout il excellait, c'est à attarder le plus longtemps possible la conversation sur les frivolités mondaines. Don Juan, pour détourner M. Dimanche de présenter sa note, ne déployait pas plus d'astucieuse désinvolture. Le moment venait pourtant où

« le petit chien Brusquet » ne suffisait plus à défrayer l'entretien. Le sourire alors s'effaçait du visage du ministre ; à son air enjoué se substituait une expression de morne ennui ; et las par avance d'avoir à répondre à des questions précises, à prévoir des complications, à émettre un opinion, il appelait à l'aide un des chefs de section, porteur de dossiers maussades.

En d'autres temps, présider de haut à la politique extérieure de la monarchie n'avait rien d'écrasant. C'est une besogne dont les rites sont consacrés par une tradition plusieurs fois séculaire. Pour masquer la circonspection, les hésitations, la pusillanimité de la diplomatie des Habsbourg, les bureaux disposent d'une extraordinaire variété de faux-fuyants. Il s'y ajoute des rédactions protocolaires d'une si fastidieuse complication qu'elles en deviennent inintelligibles. D'où il résulte qu'après d'interminables consultations et des échanges de vues d'une lenteur infinie, les pires difficultés souvent s'aplanissent d'elles-mêmes, sans avoir été jamais résolues. Quel encouragement à persévérer dans ces méthodes d'atermoiements ! Une volonté forte et agissante, résolue à tirer un plus utile rendement de ces institutions tout à la fois séniles et enfantines, ne serait pas tolérable, et non sans raison. Au lieu d'en être accéléré et régularisé, le fonctionnement déjà si compromis achèverait de se détraquer, de même que sous l'action d'un moteur d'une puissance trop moderne se briseraient des cylindres et des pistons affaiblis par leur vétusté.

Avec le comte Berchtold livré à ses seules initiatives pareil accident n'eût pas risqué de se produire. Tout au plus aurait-il remédié par des expédients aux frottements, aux grincements, à l'usure des pièces et tant mal que bien maintenu la machine à l'allure accoutumée. Mais les temps avaient changé ; les circonstances exigeaient un redoublement d'efforts, très supérieur à l'énergie du ministre autrichien. Un autre s'installa donc en maître auprès de lui, le força d'augmenter la pression, d'accélérer les rotations. Pas plus que l'outillage, le personnel n'était capable d'endurer cet affolement du moteur ; dès lors, la catastrophe devenait fatale. Celui sur qui en retombe la presque entière responsabilité, c'est le représentant de l'empereur d'Allemagne, M. de Tschirschky, dont la volonté brutale se substitua à celle du titulaire de l'emploi.

L'erreur paraît incompréhensible d'avoir lancé le comte Berchtold dans d'aussi périlleuses aventures. Avec ses vues courtes et troubles, la timidité de sa pensée, son information restreinte et sa nonchalance invétérée, de quel secours pouvait-il être dans le formidable conflit qu'on lui faisait déchaîner ? Mais très probablement, ce que son impérieux collaborateur exigeait de lui, c'était seulement de susciter un prétexte, certain qu'une fois l'affaire engagée, il saurait en régler les développements à son gré.

M. de Tschirschky appartenait à cette génération de diplomates tudesques qu'avait éblouis jusqu'à les aveugler la terrifiante personnalité du prince de Bismarck. On en citerait beaucoup qui se croyaient investis d'un peu de son génie parce qu'ils copiaient quelques-uns de ses plus apparents défauts. S'il eût suffi de boire immodérément, d'affirmer un mépris narquois pour ses interlocuteurs, fussent-ils tout un Parlement, de se montrer impitoyable envers les débiles et déloyal avec des adversaires de taille à se défendre, le chancelier allemand aurait eu une lignée abondante d'héritiers. Mais, depuis plus de vingt-cinq ans qu'il a cessé de ployer l'Europe sous sa poigne de géant, on a pu voir qu'il n'a pas laissé de descendance. L'audace des résolutions mise au service du réalisme le plus précis, les ambitions les plus énormes tempérées par une exacte connaissance des possibilités, la vision aiguë des obstacles à surmonter ou à tourner, une documentation d'une déconcertante étendue, ce sont là certaines caractéristiques de ce *surhomme* d'Etat par où jusqu'à présent il a défié les imitateurs.

M. de Tschirschky crut-il avoir mieux réussi que les autres à lui ressembler ? Tiré du commun par un engouement de Guillaume II, il s'était vu hisser jusqu'au rang de secrétaire d'Etat des Affaires étrangères. Puisque ses défauts n'avaient pas nui à sa fortune, il en conclut qu'il la leur devait et les exagéra. Il laissa de plus en plus ses rancunes personnelles influer sur ses préoccupations politiques. Son outrecuidance déborda de partout. Aussi, tandis qu'il s'estimait redoutable, n'était-il qu'insupportable, et surtout à ses alliés. Sa mort récente a dû leur procurer un soulagement très apprécié.

A double titre le comte Berchtold souffrit de ces ingérences à la prussienne. Comme ministre de l'empereur et roi, sa dignité en était gravement lésée ; et comme chrétien, sa conscience répugnait, par un louable scrupule, au signal de la guerre où on le poussait. Ce n'est pas qu'il ne ressentît toutes les rancunes que la fière attitude des Serbes a toujours inspirées à la vanité et à la cupidité austro-hongroises ; il les partageait sans scruter ce qu'elles avaient de fondé. Aucun doute ne l'effleurait sur la justice d'un châtiment à infliger à la petite nation voisine ; mais il le souhaitait sommaire et plutôt humiliant que cruel, afin que l'effusion du sang fût réduite au minimum.

Ses dispositions sincèrement pacifiques, faites d'humanité, d'indolence et d'effroi des responsabilités, s'opposaient, depuis dix-huit mois, à l'exécution militaire réclamée par l'armée. C'en était trop pour sa force de résistance. Un dernier coup devait suffire à l'abattre. M. de Tschirschky guettait, le poing fermé, le moment de l'asséner, quand survint avec une stupéfiante opportunité le drame de Serajevo, le mytérieux assassinat de l'archiduc héritier. L'Allemagne tenait enfin le moyen de rendre la guerre inévitable et d'y entrer à l'heure qu'elle jugeait la plus propice.

Ce jour-là, vraisemblablement, malgré son optimisme, le comte Berchtold connut l'étreinte d'une affreuse angoisse. Depuis l'anodine proposition de réformes administratives en Macédoine qu'il avait introduite en 1912 sans même savoir quelle signification y donner, par quels chemins ne l'avait-on pas conduit jusqu'à l'insolent ultimatum qu'on venait de lui faire lancer à la Serbie ? Dans la série de défaillances où sa faiblesse l'entraînait aux pires fourberies, il s'était compromis dans d'inavouables intrigues, avait encouragé et soudoyé toutes les félonies, et, comme aboutissement à cette politique déshonorante qui n'aurait eu d'excuse que la sauvegarde de la paix, il précipitait le branlant empire et son souverain octogénaire dans le gouffre d'un effroyable conflit.

De son aisance à se sustenter avec le pain creux de l'illusion, le comte Berchtold a fourni un témoignage curieux à recueillir. Durant cette période de 1912 à 1914 où des luttes déjà sanglantes préparaient aux carnages d'une guerre générale, la seule conception politique à lui attribuer en propre, c'est la création du royaume d'Albanie. On lui doit d'avoir glissé cet intermède dans la plus sombre tragédie de tous les temps. Il crut à l'éveil d'un sentiment national chez des clans de montagnards farouches qui, depuis des siècles, se faisaient honneur de leurs rapines les uns chez les autres. Un bey de ce pays ne se vantait-il pas auprès de ses hôtes de n'avoir jamais servi à sa table que du mouton volé ? Le ministre autrichien se persuada ingénument qu'initier ces gens-là aux impôts, à la répression des délits et aux procès-verbaux de gendarmerie les gagnerait à la civilisation. Il mit sa confiance dans la sincérité d'auxiliaires aux gages de toutes les chancelleries. Aucune déception n'eut raison de sa crédulité : elle se révéla illimitée.

Selon lui, l'Albanie devait exister afin de fermer aux Serbes l'accès à l'Adriatique. Cela suffisait à ce qu'il tînt son plan pour excellent. Un instant seulement, la valeur lui en parut douteuse, lors de la visite que lui fit le candidat à la couronne, le futur *M'bret* désigné par Guillaume II. S'en remettre du succès d'une telle machination à ce jeune prince de Wied « au cœur de lièvre », effaré de son rôle, affolé de son cortège de bandits indigènes, aussi vacillant sur ses jambes qu'irrésolu dans ses projets, c'était une absurdité dont, même à Vienne, on s'offusqua. L'essai ne tarda pas à justifier les inquiétudes. A peine son trône déballé et ses cuisines en fonction, à la première fusillade qui crépita autour de Durazzo, le nouveau monarque prit la fuite. L'odeur de la poudre n'était pas tolérable à ce *Rittmeister* de la garde prussienne ! Effondrement vraiment risible qui répandit une passagère gaieté à travers l'Europe.

En résumé, c'est une malchance spécialement accablante pour le comte Berchtold que d'avoir été mêlé à des événements d'une grandeur si disproportionnée à ses talents. Ceux qui ont part à cette terrible tâche y sont d'ailleurs à peine moins inégaux que lui, mais réussissent généralement mieux à dissimuler leur infériorité. « Toutes nos qualités, — a déclaré un moraliste désabusé — sont incertaines et douteuses en bien comme en mal, et elles sont presque toutes à la merci des occasions. » Le comte Berchtold n'y contredira pas, cette maxime étant d'un homme de son monde, et rien ne pouvant être allégué qui plaide mieux pour lui. Que n'a-t-il détenu le pouvoir durant une de ces longues somnolences où l'Autriche tâchait périodiquement d'oublier ses déboires ? Il eût été, tout comme un autre, le correct et très représentatif agent d'une politique de recueillement. Pourquoi faut-il que « l'occasion » ait amené ce gentilhomme frivole, peu perspicace, mais sincèrement humain, à sonner, d'un bras irresponsable, le glas de tant de millions de victimes ?

LE PRINCE RUPPRECHT DE BAVIÈRE [1]

___

Peut-on se ressouvenir de ces temps irréels, à dix ans en arrière, où l'on supposait le monde à jamais préservé de la catastrophe d'une grande guerre ? Aucun Etat de l'Europe ne paraissait alors mieux que la placide Bavière à l'abri de commotions violentes. Pour se figurer quelques-unes des bizarreries qui y persistaient, c'est à l'imagination plutôt qu'à la raison qu'il faudrait recourir. Comme dans un conte de la Mère l'Oie, le récit qu'on en ferait devrait se passer d'explications, sans qu'on donne à comprendre pourquoi dans ce pays vieillot et engourdi subsistaient tant d'usages surannés, comment s'adaptaient tant d'anachronismes, par où s'ajustaient des institutions si contradictoires. Beaucoup de touristes amusés se sont promenés, jadis, en pleine fantaisie, dans ce domaine du bleu qui, avec le blanc, compose encore les couleurs nationales et supra-terrestres du petit royaume ; ils en auront remarqué les incohérences et les cocasseries, tout en constatant que le

___

(1) Publié dans la *Revue hebdomadaire*, 2 décembre 1917.

bien-être et la félicité d'un peuple s'accommodent parfois du plus illogique des régimes.

Un très vieux souverain gouvernait comme Régent six millions de sujets. Son aspect de paysan robuste et trapu était parfaitement conforme à ses goûts d'inlassable chasseur. Il n'aimait que la vie au grand air, dans la montagne, en vêtement tyrolien, courte culotte de cuir laissant à nu le genou et le jarret, jambières de laine, gros souliers à clous et petite veste grise à col et liserés verts. Pour lui, pas de joie comparable à celle de l'affût : cerfs, chamois, sangliers, coqs de bruyère ou des bois, et, faute de mieux, lièvres, lapins, perdreaux, il n'arrêtait pas de fusiller, suivant les saisons, l'innombrable gibier de la Bavière. Quand les neiges trop épaisses de l'hiver rendaient la chasse impossible, il se faisait conduire dans quelqu'un de ses chalets alpestres afin d'apercevoir les cerfs, les biches et les daims attirés par le fourrage qu'on préparait à leur usage dans des huttes voisines. Cet autre saint Julien l'Hospitalier est resté impénitent jusqu'à la fin de ses jours.

Durant le temps qu'il était obligé de passer dans sa capitale, il se promenait, même par des froids terribles, toujours en voiture découverte, souvent tête nue. Dès que la température s'adoucissait, il prenait des bains dans l'étang de Nymphenbourg, à l'heure où le soleil se couche, et soupait dehors, avec des convives grelottants qui s'ingéniaient à se réchauffer en plongeant leurs jambes dans du foin.

La rusticité de ses plaisirs ne lui faisait pas négliger

les devoirs de sa fonction. Il écoutait les rapports de
ses ministres sans trop chercher à en approfondir
le sens, s'intéressait aux arts, et se soumettait avec
bonne grâce, dans son vaste palais de Munich, aux
divers rites de la vie officielle. Fréquemment, il
recevait à sa table quelques convives choisis dans
l'aristocratie, les fonctionnaires, l'armée et les sommités de l'Université. Suivant une immuable tradition, ce dîner à la Cour était resté fixé à 4 heures.
C'était une gêne pour tous ses invités. Un jour, la
princesse de Metternich les vengea d'un mot. Le
Régent s'inquiétait de ce qu'elle ne touchait à aucun
mets. « Que votre Altesse Royale veuille bien m'excuser, expliqua-t-elle, je ne mange jamais rien entre
mes repas. »

Par une anomalie vraiment étrange, ce prince
aux allures si paysannes n'était aimé que des hautes
classes du royaume, tandis que dans le peuple, surtout parmi les gens des champs et de la montagne,
on restait passionnément attaché à la mémoire du
roi Louis II et convaincu que l'état du roi Othon,
pour qui le Régent gouvernait, n'obligeait nullement
à le tenir séquestré depuis plus de vingt ans. C'est
par la disparition tragique de ses deux neveux, l'un
noyé, l'autre interné, que l'oncle était arrivé au pouvoir ; d'où, dans l'esprit du public troublé par le
mystère de ces sombres drames, la fidélité d'une
compatissante sympathie pour les deux rois et une
déraisonnable animosité contre le débonnaire Régent.
Louis II surtout bénéficiait de cette popularité pos-

thume ; la légende transformait en vertus touchantes où héroïques son orgueil, son égoïsme et ses excentricités à prétentions néroniennes.

A la différence des Hohenzollern, la vie militaire n'avait jamais séduit les Wittelsbach. Ils n'en aimaient ni les fatigues, ni les dangers. Le Régent Luitpold, dans la force de l'âge en 1870, avait accompagné l'armée bavaroise dans un état-major, sans qu'on pût préciser à quel fait de guerre il assista. Son fils aîné Louis, le roi actuel, d'un zèle belliqueux si intempérant dans ses harangues, prit part à la campagne de 1866, où le contingent bavarois trouva moyen de tergiverser jusqu'après Sadowa, avant d'entrer en lutte contre la Prusse. « Ils en étaient encore, pour parler comme Montaigne, à lacer leurs cuirasses que leurs compagnons étaient déjà rompus ». Dans un engagement partiel près de Kissingen, une balle se logea dans la cuisse du prince et y est demeurée : cette blessure mit fin à ses exploits. Aussi ne revêtait-il qu'à contre-cœur un uniforme de colonel-général d'infanterie, affectant même de paraître, dans les circonstances les plus officielles, en habit civil. Quel que soit son costume, la nature l'a mal doué pour la représentation. Dénué de prestance et de prestige, il ressemble derrière ses lunettes à n'importe quel magister de village.

C'est dans ce milieu patriarcal et si modestement royal, parmi neuf frères et sœurs astreints aux conditions d'existence les plus mesquines, qu'a grandi le prince Rupprecht, héritier du trône, pour le moment commandant en chef des troupes allemandes dans les Flandres.

Jamais la première éducation n'a plus mal préparé quelqu'un à pareille destinée. Les spectacles guerriers auxquels il assistait pendant son adolescence n'étaient que de puériles parades commémoratives d'anniversaires. Quelques régiments, escadrons et batteries tournaient en rond sur la Promenadeplatz, au centre de Munich, devant la foule tassée sur les trottoirs et aux balcons des hôtels. La cavalerie défilait à pied, par crainte d'accidents. Le public saluait au passage les soldats de connaissance, les jeunes officiers envoyaient des baisers aux fenêtres où s'encadraient leurs rougissantes fiancées. Au fils cadet du Régent, le prince Léopold, étaient attribués, en sa qualité de feld-maréchal et d'inspecteur d'armées, les grands rôles militaires ; aussi présidait-il en boitant bas ces revues quasi familiales. Combien l'eût étonné et sans doute inquiété celui qui aurait pu lui révéler l'avenir, lui annoncer qu'il aurait à conduire à travers les précipices des Carpathes et dans les marais de la Pologne d'énormes armées amalgamées d'Allemands, de Hongrois, de Turcs, de Bulgares, et s'exposerait, en dépit de ses soixante-six ans, aux risques de la plus implacable des guerres !

Les débuts militaires de son neveu Rupprecht furent ceux de tous les princes de sang royal : un avancement rapide les dispense de révéler leurs aptitudes. Il passait pour commander avec brusquerie et rudesse et n'être pas aimé de la troupe. Sous l'impulsion autoritaire de Berlin, on ne se permettait plus, même en Bavière, de négliger le métier des armes. Chaque nouvelle génération se sentait contrainte d'y consacrer un surcroît d'effort, et le jeune prince dut recevoir une instruction plus sérieuse que celle de ses peu belliqueux ascendants. C'était pourtant l'époque où le frondeur *Simplicissimus* publiait l'image d'un juvénile présomptif, faisant fonction d'aide de camp et galopant à travers le terrain des grandes manœuvres. « Sapristi ! maugréait-il, voilà que je ne me rappelle plus si les ordres à porter sont pour la 1re ou la 2e armée. Bast ! ce n'est pas encore cela qui m'empêchera de commander bientôt l'une des deux. » Rien ne permet de supposer que le prince Rupprecht fût particulièrement visé par le dessinateur satirique.

A la longue, une série trop continue d'alliances entre consanguins ou avec la maison de Habsbourg, a manifestement affaibli la race des Wittelsbach. Les cas de folie y sont fréquents, et chez ceux qu'épargnent les troubles du cerveau, cette chance provient souvent de ce que la maladie ne saurait à quoi s'attaquer. Les frères cadets du prince Rupprecht paraissaient à peine en état de tenir leur rang. Lui-même n'était pas exempt de singularités et de violences ; mais, somme toute, bien découplé, avec une physionomie expressive dont un rire joyeux tempérait souvent la dureté, il pouvait se féliciter d'être un des mieux doués de sa famille.

Ce qui d'ailleurs constituait son principal charme, c'était la compagne qu'il avait su se choisir. Il l'avait prise dans cette branche collatérale des « ducs en Bavière » d'où étaient sorties l'impératrice d'Autriche et la reine de Naples. Frère de ces souveraines et père de la jeune princesse, le duc Charles-Théodore, un peu bizarre comme les membres de sa lignée, mais d'une façon plus louable, consacra sa vie à l'ophtalmologie, devint un oculiste éminent et pratiqua plus de 5.000 opérations de la cataracte. Une autre de ses filles est l'héroïque reine des Belges, de deux ans plus âgée que ne l'était la princesse Marie-Gabrielle. Elevées ensemble avec une extrême simplicité, dans le joli domaine de Possenhofen, sur les rives du lac de Starnberg, et tendrement unies, elles furent mariées l'une et l'autre en 1900 aux héritiers des trônes de Bavière et de Belgique.

Mais le sort de la cadette ne devait pas être de poser le diadème royal sur sa vaporeuse chevelure blonde. Quand son cousin avait sollicité sa main, sa timidité lui faisait entrevoir avec effroi le rôle qu'elle aurait à jouer.

« Vous ne savez donc pas, lui avait-elle dit, quelle insuffisante petite reine je serais ? » Douce, craintive, effarouchée comme une mésange en cage, elle avait la terreur des cérémonies officielles et souffrait visiblement des honneurs qu'on lui rendait ; tandis que, dans un cercle intime, sans contrainte, oubliant son rang, elle se montrait délicieusement éprise d'art, de musique surtout, et non pas seulement accueillante, mais reconnaissante de ce qu'on ne la traitât plus en Altesse Royale. Son seul orgueil lui était inspiré par ses enfants. Plusieurs vécurent peu. Cette trop tendre mère ne résista pas à la douleur de les avoir perdus. Elle mourut après une douzaine d'années de mariage, soustraite ainsi par la pitié du destin à d'autres épreuves que sa fragilité n'aurait sûrement pas supportées.

La pire de toutes eût été d'assister au martyre de la Belgique que sa sœur Elizabeth endure si vaillamment et avec encore plus d'horreur au cœur qu'aucun de ses nouveaux compatriotes, puisqu'il lui faut maudire, comme les bourreaux de son royaume, les Allemands et même les Bavarois.

Quelle est la part de complicité du prince Rupprecht dans ces massacres et ces dévastations ? Il serait difficile, quant à présent, de l'établir. On l'a représenté comme un partisan du maximum de cruauté dans la guerre d'invasion, d'après la méthode de Bernhardi qui prescrit de répandre l'épouvante afin de diminuer la durée de la résistance. Mais ce qu'il nous est possible de savoir des procédés des Bavarois tendrait plutôt à y contredire. N'ont-ils pas engagé des luttes souvent meurtrières contre des Allemands qui profanaient des églises catholiques ou des portraits de la reine Elizabeth ? Certains d'entre eux ne prévenaient-ils pas nos soldats de première ligne qu'ils seraient remplacés, le lendemain, par des Prussiens et qu'on eût à s'en méfier ?

Leur haine des Allemands du Nord suffirait peut-être à expliquer ces accès d'humeur chevaleresque. Elle leur est rendue sous la forme d'un mépris féroce.

Ils se détestent, c'est incontestable, et en témoignent en toute occasion. Comme preuve entre tant d'autres, ce simple incident dont je fus témoin dans une ambulance voisine du front : un très jeune Bavarois y avait subi l'amputation d'une jambe ; deux soldats poméraniens, blessés aussi et ramassés par les nôtres, lui sont donnés comme voisins. Leur première parole à ce frère d'armes est pour lui dire : « Tu es Bavarois ? C'est donc alors que tu es un déserteur. » L'autre, immobilisé dans son lit, ne peut que rejeter sa couverture et montrer sa mutilation. « N'est-ce pas odieux, s'exclamait-il, de combattre du même côté que de telles brutes ? »

Et, en remontant aux chefs, c'est aussi un aveu de cet antagonisme de races que la persistance avec laquelle les Bavarois sont placés dans les positions spécialement exposées et ont à supporter les pertes les plus lourdes, qu'on épargne avec soin aux divisions prussiennes.

Il n'y a donc rien d'invraisemblable à supposer que le prince Rupprecht n'est pas plus porté que son armée à la sympathie pour de tels compagnons de guerre, et que même il souhaite qu'aucune confusion ne s'établisse, dans l'opinion, entre eux et les siens.

Mais, ainsi que son père le roi Louis, qui prodigue les manifestations de son ardent impérialisme, il a mesuré les inconvénients de s'obstiner dans le particularisme soupçonneux et souvent hostile du vieux Régent. Au surplus, sous le régime de guerre, l'empereur ne tolérerait plus de dissidences et, par méfiance de la fidélité toujours un peu suspecte des Bavarois, a sans doute exigé des gages. L'héritier présomptif, mobilisé avec toute l'Allemagne, n'a pu que se soumettre à la discipline imposée par l'impérieux *Kriegsherr*.

Quant à ses troupes, elles sont issues d'un pays sur lequel n'ont eu presque aucune prise les transformations modernes ; comment n'auraient-elles pas conservé une âme à peu près identique à celle des reîtres et des mercenaires dont elles descendent ? Pour ces gens besogneux et convoiteurs, guerroyer est un métier comme un autre, avec de plus gros risques compensés par des chances de profits illimités. Si l'appel sous les drapeaux leur a fait quitter le champ ou l'usine, ils entendent bien se dédommager de la perte de leurs salaires par de fructueux pillages. Avec sa réputation de richesse, la France éveille tout particulièrement leur cupidité, comme notre cuisine et nos vins surexcitent leur goinfrerie et leur ivrognerie. Ils sont beaucoup plus portés aux rapines qu'au carnage. Ils n'en viennent aux massacres que si l'ennemi s'acharne à défendre son bien, de même qu'ils incendient pour supprimer la preuve qu'ils ont pillé. Mais on n'observe chez eux ni la férocité à froid, ni le goût de la destruction méthodique des Allemands du Nord. Ils ne haïssent pas leurs adversaires, pourvu que ceux-ci ne cherchent pas à les priver de butin. En eux a subsisté la mentalité simpliste des bons soudards d'il y a trois siècles.

C'est seulement par cette explication un peu

hypothétique qu'on parvient à concilier la bonhomie souvent très veule des Bavarois dans leur pays avec la frénésie qui les entraîne à saccager des régions envahies.

Dans le bien comme dans le mal, leur destinée à travers l'histoire est de ne pas s'élever au-dessus du médiocre. En aucun temps, une grande idée, une ambition noble ni même scélérate n'a inspiré la politique platement réaliste de ce petit Etat. Ses gouvernants, ses ministres ont employé leur astuce à ruser avec de plus puissants qu'eux, sans autre programme que subsister, végéter, tout au plus grapiller quelque peu au delà de ce qui leur était concédé. Ceux qui se sentent trop à l'étroit dans l'exiguïté de cette officine gouvernementale passent au service de l'empire allemand.

Pourquoi attribuerait-on sans preuves au futur souverain une âme plus noire ou plus machiavéllique qu'à ses sujets ? Les résultats démontrent déjà que la part qu'on lui a faite dans la conduite de la guerre excède de beaucoup ses talents. On l'a chargé d'anéantir l'armée britannique dont son père avait salué l'entrée dans la lutte par ces mots imprudents : « Tant mieux ! C'est un ennemi de plus à vaincre. » Le *Kaiser*, il est vrai, accablait son héritier de la dénomination d'*invincible*, et lui assignait la prise de Verdun comme la tâche digne de son génie. Les présomptifs n'ont pas justifié l'espoir qu'on mettait en eux. Ce sera leur affaire de se soustraire aux conséquences de la déception de leurs peuples.

Pour le prince Rupprecht, la guerre mondiale, s'il y survit, devra ne lui laisser que d'atroces regrets. Il y aura vu détruire plus de la moitié de son armée, sans aucun profit pour sa gloire militaire ; son renom, quoi qu'il fasse, restera ensanglanté par les abominables dévastations qu'ont commises ses troupes en Belgique, dans le pays où s'immortalise l'inébranlable constance du roi Albert, son beau-frère. Ses propres États, privés d'hommes, plongés dans le deuil, ruinés pour longtemps, ne connaîtront plus l'heureuse insouciance où ils se complaisaient. Pour quels buveurs de bière fleuriraient désormais les houblons ? A quels auditeurs s'adresseraient les orchestres de Munich, si toutefois les violonistes existent encore ? Ce n'est certes pas la gratitude du Kaiser qui compensera tant de mécomptes et consolera une si générale désolation : la Bavière est renseignée sur ce qu'elle peut attendre de Berlin.

Il rentrera dans son palais désert. Durant son absence s'est éteint un des deux derniers fils nés de son mariage. C'est alors que sa pensée en détresse se tournera vers cette courte période de sa vie que la grâce de la princesse Marie-Gabrielle illumina d'un pâle et discret rayon de bonheur. Avec le personnage préféré de Musset, ce Fantasio qui, lui aussi, était de Munich, il pourra se dire bien tristement : « Ma tête est comme une vieille cheminée sans feu ; il n'y a que du vent et des cendres. »

TABLE DES MATIÈRES